생생한
현장중국어 회화

'首尔에서 上海 까지'

정진강 · 전원원 · 이하얀 공저

생생한 현장중국어 회화 - '首尔에서 上海까지'는…

중국어를 처음 배우는 이들과 실용적인 회화를 원하는 학습자들을 위해 비교적 쉽고 간결하게 만든 책입니다.

이 책은 한국인이 중국 상하이로의 출장 준비과정과 출입국심사를 경유하여 중국에 도착하는 과정, 상하이에서 적응하며 1년간의 현지 체류를 마치고 귀국을 준비하는 전 과정을 실제 상황에 맞게 구성되어 있습니다.

스토리 성격에 맞추어 저자들이 직접 촬영한 사진을 첨부하여 생동감을 불러일으키는 동시에, 한국인 저자와 중국인 저자가 음성파일의 녹음작업에 직접 참여하여 현장감을 그대로 살렸습니다.

후반부에서는 중국 현지에서 현재 유행하고 있는 테마들을 다룸으로써 학습자의 흥미를 유발시켜 학습효과를 극대화하고자 하였습니다.

이 책의 특징은…

❖ 스토리가 있습니다.

서울에서 상하이까지의 일상생활에서 이루어지는 스토리를 통해 자연스럽게 중국어 회화를 배울 수 있습니다. 저자들이 현장에서 직접 촬영한 사진을 함께 실어 생생한 현장감을 느낄 수 있습니다.

❖ 현장감이 있습니다.

중국인뿐만 아니라 한국인이 녹음한 중국어를 음성 파일을 직접 체험할 수 있어서, 실제적인 회화를 배우고 응용할 수 있는 능력을 배양할 수 있습니다. 중국이나 한국에서 중국인과 한국인이 대화를 할 때 실제로 어떻게 대화해야 하는가에 대한 방법을 제시하고 있습니다.

❖ 현재 유행하는 테마가 있습니다.

중국에서 최근 유행하는 테마를 중심으로 젊은이들이 흥미롭게 여기는 중국어 단어를 실생활에서 활용할 수 있도록 구성하였습니다.

❖ 단계별 학습을 할 수 있습니다.

초반부에서는 한어병음위주의 발음학습을 할 수 있고, 중반부에서는 한자와 한어병음을 함께 익힐 수 있으며, 후반부에서는 실제 생활에서 사용되는 생생한 중국어 회화를 체험할 수 있습니다.

❖ 간체자에 띄어쓰기가 있습니다.

책의 초반부에서는 중국어를 처음 배우는 학습자의 이해를 돕기 위해 중국어 간체자의 띄어쓰기를 시도하였습니다. 띄어쓰기는 중국어 문장을 정확하고 쉽게 읽어나갈 수 있도록 도움을 줄 것입니다.

人物介紹 인물소개

人物1

李贺然
首尔友好公司职员

이하얀
서울 우호회사직원

人物2

金基喆
李贺然的朋友

김기철
하얀친구

人物3

袁媛
上海友好公司职员
人物1到中国后结识的朋友。

위엔위엔
상하이 우호회사직원
인물1이 상해에 도착한 후 알게 된 회사동료

目次 목차

Dì yī kè | Zǎo à !

Jīn Jīzhé : Zǎo à!

Lǐ Hèrán : Zǎo!*

Lǐ Hèrán : Chī fàn le ma?

Jīn Jīzhé : Chī guò le.

* 서로 알고 있는 사이에서 사용하는 아침인사말이다.
보통 처음 만났을 때 인사말은,
Nǐ hǎo ! (안녕!)

어른 또는 존대의 인사말은,
Nín hǎo ! (안녕하세요!) 이다.

第 一 课 | 早 啊！

金 基喆：早 啊！

李 贺然：早！

李 贺然：吃 饭 了 吗？

金 基喆：吃 过 了。

제1과 | 좋은 아침!

김기철 : 좋은 아침!

이하얀 : 좋은 아침!

이하얀 : 밥 먹었니?

김기철 : 먹었어!

Jīn Jīzhé : Lái bēi kāfēi ma?

Lǐ Hèrán : Bù, wǒ xiǎng hē bēi lǜchá。

Jīn Jīzhé : Zǎochén chūqù yùndòng le?

Lǐ Hèrán : Èn!

*

처음 만났을 때는 일반적으로 다음과 같이 말한다.

A : Nǐ jiào shénme míngzi? (이름이 뭐니?)
B : Wǒ jiào lǐ Hèrán。(하얀이야.)
A : Rènshi nǐ, wǒ hěn gāoxìng。(널 알게 되서, 기뻐.)
B : Rènshi nǐ, wǒ yě hěn gāoxìng。(나도 알게 되서, 기뻐.)

金基喆：来 杯 咖啡 吗?

李贺然：不，我 想 喝 杯 绿茶。

金基喆：早晨 出去 运动 了?

李贺然：嗯!

김기철 : 커피마실래?

이하얀 : 아니. 나는 녹차 마실래.

김기철 : 오늘 아침에 운동 했니?

이하얀 : 응.

Dì èr kè

Nǎwèi shì Lǐ Hèrán xiǎojiě?

Mǒurén : Nín shì Lǐ Hèrán xiǎojiě ma?

Hèrán : Shì, wǒ shì Lǐ Hèrán.

Hèrán : Nín shì Jīn Jīzhé xiānshēng ma?

Mǒurén : Bù, wǒ bú shì.

第二课 | 哪位是李贺然小姐？

某人：您 是 李 贺然 小姐 吗?

贺然：是, 我 是 李 贺然。

贺然：您 是 金 基喆 先生 吗?

某人：不, 我 不 是。

제2과 | 어느 분이 이하얀 양 입니까?

어떤 사람 : 당신이 이하얀 양 입니까?

하얀 : 네, 제가 이하얀 이예요.

하얀 : 당신이 김기철 씨 입니까?

어떤 사람 : 아니요, 저는 아니예요.

Mǒurén : Nǎwèi shì Lǐ Hèrán xiǎojiě?

Hèrán : Nín hǎo, wǒ shì Lǐ Hèrán.

Mǒurén : Zhè shì nín de kuàidì, qǐng qiānzì.

Hèrán : Hǎo de. Xièxie.

某人 : 哪位 是 李 贺然 小姐?

贺然 : 您好, 我 是 李 贺然。

某人 : 这 是 您 的 快递, 请 签字。

贺然 : 好的, 谢谢。

어떤 사람 : 어느 분이 이하얀 양 입니까?

하얀 : 안녕하세요. 제가 이하얀 이예요.

어떤 사람 : 특급우편 이예요. 싸인 해 주세요.

하얀 : 네. 감사합니다.

Dì sān kè

Jīntiān shì jǐ yuè jǐ hào ?

Jīzhé : Jīntiān shì jǐ yuè jǐ hào?

Hèrán : Jīntiān shì sān yuè shíqī hào.

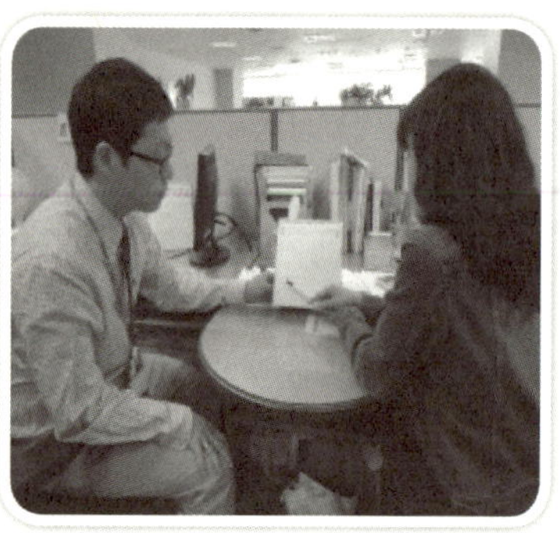

Jīzhé : Jīntiān xīngqī jǐ?

Hèrán : Jīntiān xīngqī rì.

第三课 | 今天是几月几号?

基喆：今天 是 几 月 几 号?

贺然：今天 是 3月17号。

基喆：今天 星期 几?

贺然：今天 星期 日。

제3과 | 오늘은 몇 월 며칠입니까?

기철 : 오늘은 몇 월 며칠이니?

하얀 : 3월 17일이야.

기철 : 오늘은 무슨 요일이니?

하얀 : 일요일이야.

Jīzhé : Jīntiān nǐ dǎsuàn zuò shénme?

Hèrán : Qù fǔdǎobān shàngkè.

Jīzhé : Shàng shénme kè?

Hèrán : Hànyǔ kè.

基喆：今天 你 打算 做 什么？

贺然：去 辅导班 上课。

基喆：上 什么 课？

贺然：汉语 课。

기철 : 오늘 뭘 할 거야?

하얀 : 수업 들으러 학원에 가.

기철 : 무슨 수업?

하얀 : 중국어.

Jīzhé : Hànyǔ hǎo xué ma?

Hèrán : Yǒu diǎnr nán.

Jīzhé : Shénme zuì nán xué?

Hèrán : Shēngdiào.

基喆：汉语 好 学 吗？

贺然：有 点儿 难。

基喆：什么 最 难 学？

贺然：声调。

기철 : 중국어 공부하기 쉽니?

하얀 : 좀 어려워.

기철 : 제일 어려운 게 뭐야?

하얀 : 성조.

Dì sì kè

Tīngshuō nǐ yào qù ZhōngGuó?

Jīnzhé : Tīngshuō nǐ yào qù ZhōngGuó?

Hèrán : Shì de.

Jīnzhé : Wèishénme qù?

Hèrán : Yīnwèi gōngsī yèwù xūyào,
suǒyǐ wǒ qù ZhōngGuó.

第四课 | 听说你要去中国?

基喆：听说 你 要 去 中国?

贺然：是 的。

基喆：为什么 去?

贺然：因为 公司 业务 需要,
所以 我 去 中国。

제4과 | 너 중국에 간다고 하던데?

기철 : 너 중국에 간다며?

하얀 : 그래.

기철 : 왜 중국에가?

하얀 : 회사 일 때문에.

Jīnzhé : Shénme shíhòu qù?

Hèrán : Wǔyuè zhōngxún.

Jīnzhé : Xíngli dōu zhǔnbèi hǎo le ma?

Hèrán : Bù jí, hái yǒu liǎng ge lái yuè de zhǔnbèi shíjiān ne!

基喆：什么 时候 去?

贺然：五月 中旬。

基喆：行李 都 准备 好 了 吗?

贺然：不 急，还 有 两 个 来 月 的 准备 时间 呢!

기철 : 언제 가는 거야?

하얀 : 오월 중순.

기철 : 짐은 다 쌌어?

하얀 : 급하지 않아. 아직 두 달이나 남은걸.

Jīzhé : Xūyào zài ZhōngGuó dāi duōcháng shíjiān?

Hèrán : Kěnéng yào dāi hěn jiǔ.

Jīzhé : Xīwàng nǐ yíqiè shùnlì.

Hèrán : Xièxie.

基喆：需要 在 中国 待 多长 时间?

贺然：可能 要 待 很 久。

基喆：希望 你 一切 顺利。

贺然：谢谢。

기철 : 중국에 얼마 동안 있니?

하얀 : 오랫동안 있어야 할 거야.

기철 : 모든 일이 순조롭길 빌게.

하얀 : 고마워.

Dì wǔ kè | Hǎo jiǔ bú jiàn !

Jīzhé : Hǎojiǔbújiàn le, Hèrán!

Hèrán : Hǎojiǔbújiàn! Zuìjìn hǎo ma?

Jīzhé : Háihǎo, nǐ ne? Máng shénme ne?

Hèrán : Xuéxí hànyǔ, zhǔnbèi chūguó.

第五课 | 好久不见！

基喆：好久不见了, 贺然！

贺然：好久不见！ 最近 好 吗?

基喆：还好, 你 呢? 忙 什么 呢?

贺然：学习 汉语, 准备 出国。

제5과 | 오랜만이야.

기철 : 오랜만이야. 하얀아.

하얀 : 오랜만이야. 요즘 어때?

기철 : 여전해, 너는? 무슨 일로 바빠?

하얀 : 중국어 공부랑, 출국 준비해.

Jīzhé : Shénme shíhou zǒu?

Hèrán : Míngtiān.

Jīzhé : Zhème kuài? Jǐdiǎn de hángbān?

Hèrán : Shíèr diǎn sānshíliù fēn de hángbān.

基喆：什么 时候 走？

贺然：明天。

基喆：这么 快！几点 的 航班？

贺然：12点36分 的 航班。

기철 : 언제 가는데?

하얀 : 내일.

기철 : 그렇게 빨리! 몇 시 비행기인데?

하얀 : 12시 36분.

Jīzhé : Wǒ míngtiān sòng nǐ qù jīchǎng ba?

Hèrán : Bú yòng sòng, dānwèi pài chē sòng wǒ.

Jīzhé : Nà hǎo ba, dào le ZhōngGuó, gěi wǒ dǎ diànhuà a.

Hèrán : Èn, fàngxīn ba!

基喆：我 明天 送 你 去 机场 吧？

贺然：不 用 送，单位 派 车 送 我。

基喆：那 好 吧，到 了 中国，
给 我 打电话 啊。

贺然：嗯，放心 吧！

기철 : 내일 공항에 배웅하러 갈까?

하얀 : 아니. 회사차로 갈 거야.

기철 : 그래 좋아. 중국에 도착해서,
전화해.

하얀 : 걱정 하지 마!

Dì liù kè | Chéng fēijī

KōngJiě : Qǐng chūshì nín de dēngjīpái.

Hèrán : Gěi nín.

KōngJiě : Sān shí qī "A", qǐng cóng zhèbiān wǎng lǐ zǒu.

Hèrán : Xièxie.

第六课 | 乘飞机

空姐：请出示您的登机牌。

贺然：给您。

空姐：37A, 请从这边往里走。

贺然：谢谢。

제6과 | 비행기 탑승

승무원 : 탑승권 좀 보여 주시겠어요?

하얀 : 여기요.

승무원 : 37A, 이쪽으로 가세요.

하얀 : 감사합니다.

KōngJiě : Nín xiǎng chī jīròufàn háishì niúròufàn?

Hèrán : Jīròufàn, xièxie.

KōngJiě : Yǐnliào ne, nín xiǎng hē shénme? Yǒu kuàngquánshuǐ、chéngzhī、niúnǎi、kāfēi、píjiǔ、hóngjiǔ.

Hèrán : Qǐng gěi wǒ yì bēi chéngzhī, xièxie.

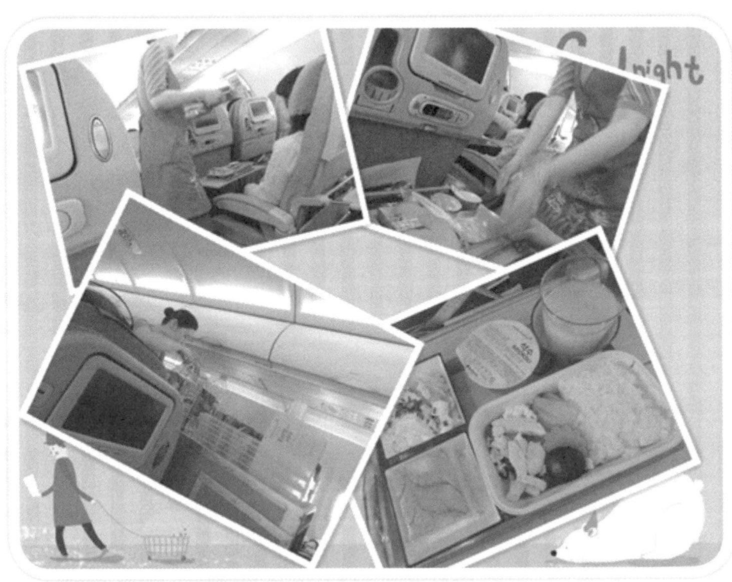

空姐：您想吃鸡肉饭还是牛肉饭？

贺然：鸡肉饭，谢谢。

空姐：饮料呢，您想喝什么？有矿泉水、橙汁、牛奶、咖啡、啤酒、红酒。

贺然：请给我一杯橙汁，谢谢。

승무원 : 닭고기, 소고기 어떤 걸 드릴까요?

하얀 : 닭고기로 주세요. 감사합니다.

승무원 : 음료수는 뭘 드릴까요? 물, 오렌지 주스, 우유, 커피, 맥주, 포도주가 있어요.

하얀 : 오렌지 주스요. 감사합니다.

Shěnchá : Qǐng gěi wǒ nín de hùzhào hé rù jìngkǎ. Wèishénme lái ZhōngGuó?

Hèrán : Yīnwèi gōngzuò de xūyào.

Shěnchá : Dāi duō jiǔ?

Hèrán : Yì nián.

Shěnchá : Zài nǎ gè gōngsī?

Hèrán : ShàngHǎi YǒuHǎo GōngSī.

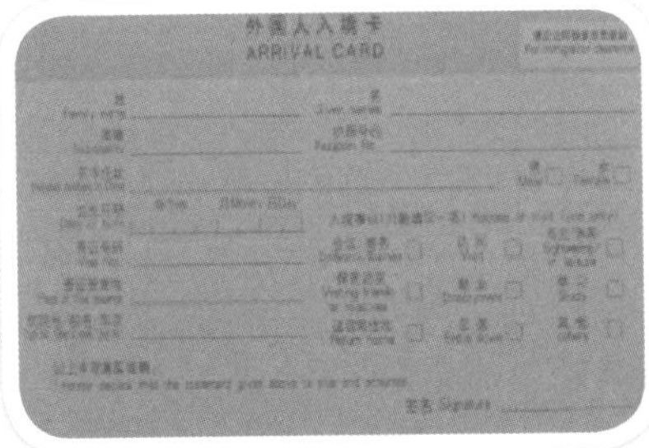
外国人入境卡
ARRIVAL CARD

审查：请给我您的护照和入境卡。
为什么来中国？

贺然：因为工作的需要。

审查：待多久？

贺然：1年。

审查：在哪个公司？

贺然：上海友好公司。

입국심사관 : 여권과 입국 카드를
보여주세요. 입국 목적은 뭔가요?
하얀 : 비즈니스차 왔어요.
입국심사관 : 얼마나 있을 예정인가요?
하얀 : 1년이요.
입국심사관 : 어디에서 일하시죠?
하얀 : 상하이 우호회사요.

第七课 | 从机场到公司需要多久？

袁媛：请问,
您是从首尔来的李贺然小姐吗？

贺然：是的, 我是。

袁媛：您好, 贺然小姐, 我是袁媛。
见到您, 我很高兴。

贺然：您好！见到您, 我也很高兴。

Dì qī kè |

Cóng jīchǎng dào gōngsī xūyào duōjiǔ?

Yuányuan : Qǐngwèn, nín shì cóng Shǒuěr lái de Lǐ Hèrán xiǎojiě ma?

Hèrán : Shì de, wǒ shì.

Yuányuan : Nín hǎo, Hèrán xiǎojiě, wǒ shì Yuányuan.
Jiàn dào nín, wǒ hěn gāoxìng.

Hèrán : Nín hǎo. jiàn dào nín, wǒ yě hěn gāoxìng.

제7과 | 공항에서 회사까지 얼마나 걸려요?

위엔위엔 : 실례합니다. 서울에서 온 이하얀 양 입니까?

하얀 : 네, 저예요.

위엔위엔 : 안녕하세요. 하얀 양, 저는 위엔위엔 이예요. 만나서 기뻐요.

하얀 : 위엔위엔, 안녕하세요! 저도 기뻐요.

袁媛：贺然小姐, 这边请,
公司的车在那边。

贺然：好的。请您带路。谢谢。

袁媛：不客气。

贺然：请问, 从机场到公司需要多久?

司机：大约2个小时。
不堵车的话,
一个小时多一点儿就可以到。

贺然：啊。

Yuányuan : Hèrán xiǎojiě, zhèbiān qǐng,
gōngsī de chē zài nàbiān.

Hèrán : Hǎode. Qǐng nín dài lù. Xièxie.

Yuányuan : Bú kè qì.

Hèrán : Qǐngwèn, cóng jīchǎng dào gōngsī
xūyào duōjiǔ ?

Sījī : Dàyuē liǎng ge xiǎoshí.
Bù dǔ chē de huà,
yí ge xiǎoshí duō yì diǎnr jiù kěyǐ dào.

Hèrán : A.

위엔위엔 : 하얀 양, 이 쪽으로요. 차가 저 쪽에
있어요.

하얀 : 좋아요. 길 안내를 해 주셔서 감사합니다.

위엔위엔 : 뭘요.

하얀 : 실례지만, 공항에서 회사까지 얼마나 걸려요?

운전기사 : 두 시간쯤이요. 차가 막히지
않으면 한 시간 정도면 도착해요.

하얀 : 아…

第八课 | 付三押一

贺然：

大家好！

我是来自韩国首尔的李贺然，从今天起，我将会和大家一起工作，这是我第一次来中国，请各位多多帮助，谢谢！

Dì bā kè | Fù sān yā yī

Hèrán :

Dà jiā hǎo!

Wǒ shì láizì HánGuó Shǒuěr de Lǐ Hèrán. Cóng jīntiān qǐ, wǒ jiāng huì hé dàjiā yìqǐ gōngzuò. Zhè shì wǒ dìyīcì lái ZhōngGuó, qǐng gèwèi duōduō bāngzhù, xièxie.

제8과 | '푸싼야이'

하얀 : 안녕하세요! 여러분!
한국 서울에서 온 이하얀 입니다.
오늘부터, 여러분들과 함께 일하게 되었어요. 이번이 제가 중국에 처음 온 거예요. 여러분 많이 도와주세요, 감사합니다.

贺然：您好！袁媛，
您下班后有时间吗？

袁媛：有时间，您有什么事情？

贺然：想请您帮我租一套房子，
您知道，我的汉语还不太好。

袁媛：好的。

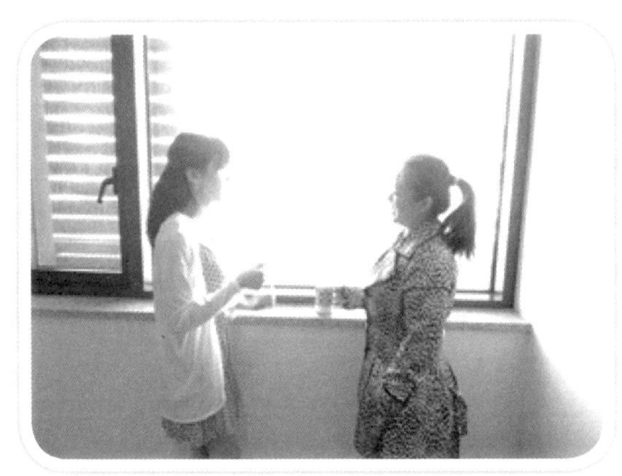

Hèrán : Nínhǎo, Yuányuan,
nín xià bān hòu yǒu shíjiān ma?

Yuányuan : Yǒu shíjiān, nín yǒu shénme shìqíng?

Hèrán : Xiǎng qǐng nín bāng wǒ zū yí tào fángzi.Nín zhīdào, wǒ de hànyǔ hái bú tài hǎo.

Yuányuan : Hǎo de.

하얀 : 안녕하세요! 위엔위엔, 퇴근 후에 시간 있어요?

위엔위엔 : 네, 무슨 일 있나요?

하얀 : 집을 렌트하려는데 좀 도와줬으면 해요. 아시죠? 제 중국어 실력이 아직은 별로예요.

위엔위엔 : 좋아요.

袁媛：您要租什么样的房子?

贺然：我一个人住，租一套一室
一厅的就可以了。我带足了
租“전세”房子的押金。

袁媛：什么是“전세”？

贺然：就是交几千万的押金后，
每个月不用交房租的租房形式。

袁媛：啊，中国没有这种方式，
在中国，租房子都是付三押一。

贺然：啊！

Yuányuan : Nín yào zū shénme yàng de fángzi ?

Hèrán : Wǒ yí gè rén zhù, zū yí tào yí shì yì tīng de jiù kěyǐ le. Wǒ dài zú le zū "zénsèi" fángzi de yājīn.

Yuányuan : Shénme shì "zénsèi"?

Hèrán : Jiù shì jiāo jǐ qiān wàn de yājīn hòu, měi gè yuè búyòng jiāo fángzū de zūfáng xíngshì.

Yuányuan : À, ZhōngGuó méi yǒu zhè zhǒng fāngshì, zài ZhōngGuó, zū fángzi dōu shì fù sān yā yī.

Hèrán : À.

위엔위엔 : 어떤 집을 렌트하고 싶어요?

하얀 : 혼자서 살 수 있고, 방 하나와 거실하나면 돼요. 제가 '전세' 보증금을 충분히 갖고 왔어요.

위엔위엔 : '전세'가 뭐예요?

하얀 : 목돈의 보증금을 내고, 매월 방세를 내지 않아도 돼요.

위엔위엔 : 아, 중국에는 그런 지불 방식이 없어요. 집을 렌트할 때, 일 년에 네 차례 집세를 지불하는데, 처음에는 보증금을 포함해서 지불해요.

히안 : 아!

贺然：真谢谢你帮我找到
这么好的房子。

袁媛：不客气，再见。

贺然：再见！

Hèrán : Zhēn xièxie nǐ bāng wǒ zhǎo dào zhème hǎode fángzi.

Yuányuan : Bú kè qì, zàijiàn.

Hèrán : Zàijiàn.

하얀 : 이렇게 좋은 집을 얻도록 도와주셔서 정말 감사해요.

위엔위엔 : 뭘요, 다음에 봐요.

하얀 : 그러죠!

第九课 葡萄怎么卖？

贺然：这个多少钱一斤？

卖家：六块八一斤。

贺然：可以便宜一点儿吗？

卖家：算您六块五一斤吧。

Dì jiǔ kè | Pútao zěnme mài?

Hèrán : Zhè ge duōshǎo qián yì jīn?

Màijiā : Liù kuài bā yì jīn.

Hèrán : Kěyǐ piányì yìdiǎnr ma?

Màijiā : Suàn nín liù kuài wǔ yìjīn ba.

제9과 | 포도는 어떻게 팔아요?

하얀 : 한 근에 얼마예요?

상인 : 한 근에 6위안 8마오예요.

하얀 : 좀 싸게 해주세요.

상인 : 6위안 5마오에 드릴게요.

贺然：苹果多少钱一斤？

卖家：五块五一斤，两斤十块。

贺然：这么贵啊？

卖家：已经很便宜了，
刚开始都卖七块多钱一斤呢。

Hèrán : Píngguǒ duōshǎo qián yì jīn?

Màijiā : Wǔ kuài wǔ yì jīn, liǎng jīn shí kuài.

Hèrán : Zhème guì a?

Màijiā : Yǐjīng hěn piányì le,
gāng kāishǐ dōu mài qī kuài duō qián yì jīn ne.

하얀 : 사과는 한 근에 얼마예요?

상인 : 5위안 5마오고, 두 근은 10위안 이예요.

하얀 : 이렇게 비싸요?

상인 : 이미 싼걸요, 처음에는 한 근에 7위안 넘게 팔았는걸요.

贺然：葡萄怎么卖？

卖家：巨峰五块五一斤，红提六块八一斤，玫瑰香七块一斤……

贺然：哪个最甜？

卖家：玫瑰香。

贺然：好，给我来二斤玫瑰香。

卖家：好的。共计十四块钱。

贺然：给您钱。

卖家：收您二十块，找您六块，请收好.

Hèrán : Pútao zěnme mài?

Màijiā : Jùfēng wǔ kuài yì jīn, hóngtí liù kuài bā yì jīn……méiguīxiāng qī kuài yì jīn.

Hèrán : Nǎ gè zuì tián?

Màijiā : Méiguīxiāng.

Hèrán : Hǎo, gěi wǒ lái èr jīn méiguīxiāng.

Màijiā : Hǎode. Gòngjì shísì kuài qián.

Hèrán : Gěi nín qián.

Màijiā : Shōu nín èrshí kuài, zhǎo nín liù kuài, qǐng shōu hǎo.

하얀 : 포도는 어떻게 팔아요?

상인 : 한 근에'쥐펑'은 5위안 5마오, '홍티'는 6위안 8마오, '메이구이샹'은 7위안 이예요.

하얀 : 어떤게 가장 달아요?

상인 : 메이구이샹.

하얀 : 네. '메이구이샹' 두 근 주세요.

상인 : 네. 모두 14위안 이예요.

하얀 : 돈 드릴게요.

상인 : 20위안 받았어요. 6위안 거슬러 드릴게요. 받으세요.

第十课 | 中国银行怎么走？

贺然：请问, 中国银行在哪里？

路人：从这里向前走, 走到十字路口向右转,
再走50米, 你就会看到了。

贺然：谢谢。

路人：不客气。

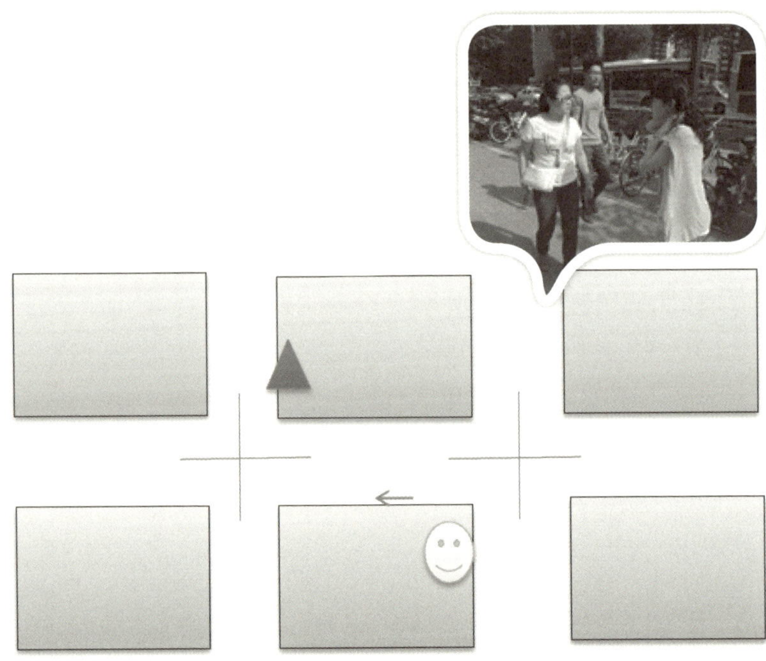

Dì shí kè |

ZhōngGuó yínháng zěnme zǒu?

Hèrán : Qǐngwèn, ZhōngGuó YínHáng zài nǎlǐ ?

Lùrén : Cóng zhèlǐ xiàng qián zǒu, zǒu dào shízì lùkǒu xiàng yòu zhuǎn, zài zǒu wǔ shí mǐ, nǐ jiù huì kàn dào le.

Hèrán : Xièxie.

Lùrén : Bú kè qì.

제10과 | 중국은행에 어떻게 가나요?

하얀 : 실례합니다. 중국은행 어디에 있어요?

행인 : 앞으로 가서, 사거리에서 오른쪽으로 돌아서, 다시 50미터를 가면 보여요.

하얀 : 감사합니다.

행인 : 뭘요.

贺然：您好, 请问去最近的中国银行怎么走？

路人：中国银行？
这附近没有中国银行。
您从这里向前走, 走到第二个十字路口向左转, 继续向前走, 走到第三个十字路口右拐就到了。

贺然：谢谢。

路人：不客气。

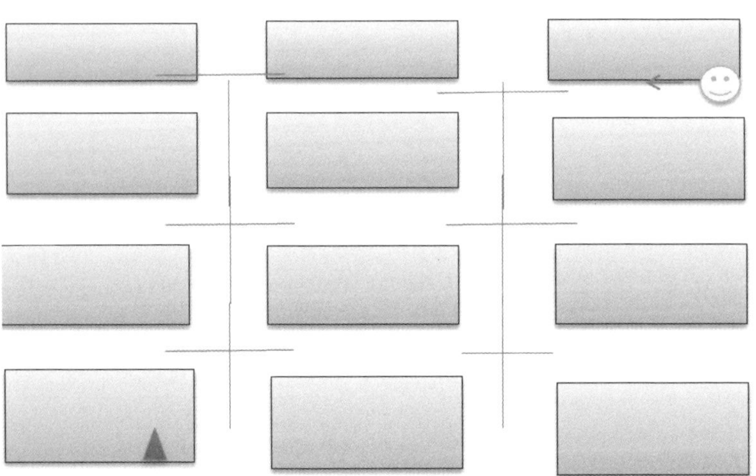

Hèrán : Nínhǎo, qǐng wèn qù zuì jìn de
ZhōngGuó YínHáng zěnme zǒu?

Lùrén : ZhōngGuó YínHáng?
Zhè fùjìn méi yǒu ZhōngGuó
YínHáng.Nín cóng zhèlǐ xiàng qián
zǒu, zǒu dào dì èr ge shízì lùkǒu
xiàng zuǒ zhuǎn, jìxù xiàng qián
zǒu, zǒu dào dì sān ge shízì lùkǒu
yòu guǎi jiù dào le.

Hèrán : Xièxie.

Lùrén : Bú kè qì.

하얀 : 안녕하세요. 가장 가까운 중국은행을
어떻게 가나요?

행인 : 중국은행? 이 근처에 중국은행은
없어요. 앞을 향해 가서, 두 번째
사거리에서 왼쪽으로 돌아서, 계속
앞으로 가세요. 세 번째 사거리에서
오른쪽으로 돌면 바로 보일 거예요.

하얀 : 감사합니다.

행인 : 뭘요.

贺然：您好, 从这儿出发到南京路步行街怎么走？

路人：您想坐公交车还是地铁？

贺然：地铁。

路人：在这里坐地铁7号线到常熟路站换乘地铁1号线, 坐三站地, 到人民广场站下, 从七号出口出, 穿过新世界地下街道, 上去就是了。

贺然：谢谢。

路人：不客气。

Hèrán : Nínhǎo, cóng zhèr chūfā dào
nánjīnglù bùxíngjiē zěnme zǒu?

Lùrén : Nín xiǎng zuò gōngjiāochē hái shì
dìtiě?

Hèrán : Dìtiě.

Lùrén : Zài zhèlǐ zuò dìtiě qī hào xiàn dào
chángshúlù zhàn huàn chéng dìtiě
yī hào xiàn, zuò sān zhàndì, dào
rénmínguǎngchǎng zhàn xià, cóng qī
hào chūkǒu chū, chuān guò xīnshìjiè
dìxià jiēdào, shàng qù jiù shì le.

Hèrán : Xièxie

Lùrén : Bú kè qì。

하얀 : 안녕하세요. '난징루 부싱제'를 어떻게 가나요?

행인 : 버스를 타나요? 전철을 타나요?

하얀 : 전철이요.

행인 : 여기서 7호선을 타고, '창수루' 역에서 1호선으로
갈아타고 세 정거장 가서, '런민광창'에서 내려
7번 출구로 나와 '신스제' 지하도를 빠져나와
올라 가면 돼요.

하얀 : 감사합니다.

행인 : 뭘요.

把韩币换成人民币

(请XXXXX 号顾客到X 号窗口办理)

职员：您好, 您想办理什么业务?

贺然：您好, 我想换钱。

职员：请您先领取号码,
然后坐在那边等候。

贺然：好的, 谢谢。

Dì shíyī kè |

Bǎ hánbì huànchéng rénmínbì

ZhíYuán : Nín hǎo, nín xiǎng bànlǐ shénme yèwù?

Hèrán : Nín hǎo, wǒ xiǎng huàn qián.

ZhíYuán : Qǐng nín xiān lǐngqǔ hàomǎ, ránhòu zuò zài nàbiān děnghòu.

Hèrán : Hǎode, xièxie.

제11과 | 한국 돈을 중국 돈으로 바꾸려고요.

(X번 손님은 X번 창구로 오세요.)

직원 : 안녕하세요. 무엇을 도와드릴까요?

하얀 : 안녕하세요. 환전을 하고 싶어요.

직원 : 먼저 번호표를 뽑아 주세요. 그 다음에 저쪽에 앉아서 기다리세요.

하얀 : 알겠어요. 감사합니다.

职员：您好！您想办理什么业务？

贺然：您好！我想换钱。

职员：换什么？

贺然：我想把韩币换成人民币。

职员：换多少？

贺然：三百四十万韩币。

职员：请稍等。

ZhíYuán : Nín hǎo! Nín xiǎng bànlǐ shénme yèwù?

Hèrán : Nín hǎo! Wǒ xiǎng huàn qián.

ZhíYuán : Huàn shénme?

Hèrán : Wǒ xiǎng bǎ hánbì huànchéng rénmínbì.

ZhíYuán : Huàn duōshǎo?

Hèrán : Sān bǎi sì shí wàn hánbì.

ZhíYuán : Qǐng shāoděng.

직원 : 안녕하세요. 무엇을 도와드릴까요?

하얀 : 환전을 하고 싶어요.

직원 : 어느나라 돈으로 바꾸고 싶어요?

하얀 : 한국 돈을 중국 돈으로 바꾸고 싶어요.

직원 : 얼마나요?

하얀 : 340만원이요.

직원 : 잠시 기다리세요.

职员：根据现在汇率，
您可以换2万元人民币。
要换吗？

贺然：好的，给您钱。

职员：…… 这是您的人民币，
请确认、收好。
再见。

贺然：谢谢，再见。

ZhíYuán : Gēnjù xiànzài huìlǜ,
nín kěyǐ huàn liǎng wàn yuán
rénmínbì. Yào huàn ma?

Hèrán : Hǎode, gěi nín qián.

ZhíYuán : Zhè shì nín de rénmínbì,
qǐng quèrèn. Shōuhǎo.
Zàijiàn.

Hèrán : Xièxie, zàijiàn.

직원 : 현재 환율로 중국 돈 2만원으로 바꿀 수 있어요. 바꾸실래요?

하얀 : 네, 돈 드릴게요.

직원 : 중국 돈 확인하시고, 잘 챙기세요.

하얀 : 감사합니다. 안녕히 계세요.

第十二课 我想办个存折

职员：您好，您想办理什么业务？

贺然：我想办个存折。

职员：您带护照了吗？

贺然：带了。

职员：请您先填写这份表格，填好后，
和护照一起交给我。

贺然：好的。

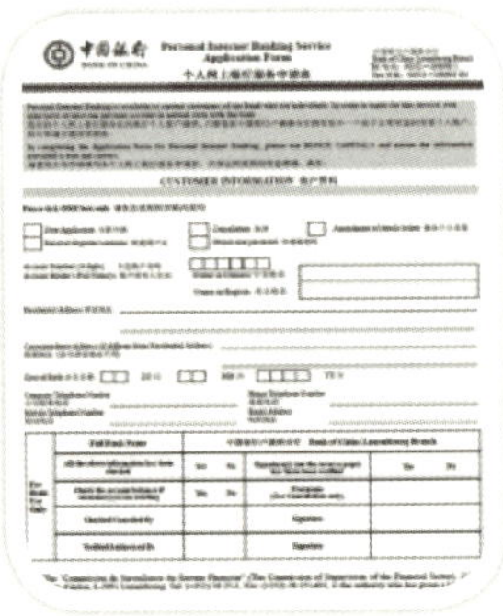

Dì shí èr kè

Wǒ xiǎng bàn ge cúnzhé

ZhíYuán : Nínhǎo, nín xiǎng bànlǐ shénme yèwù?

Hèrán : Wǒ xiǎng bàn ge cúnzhé.

ZhíYuán : Nín dài hùzhào le ma?

Hèrán : Dài le.

ZhíYuán : Qǐng nín xiān tiánxiě zhè fèn biǎogé, tián hǎo hòu, hé hùzhào yìqǐ jiāo gěi wǒ.

Hèrán : Hǎo de.

제12과 | 통장을 만들고 싶어요.

직원 : 안녕하세요, 무엇을 도와드릴까요?

하얀 : 통장을 만들고 싶어요.

직원 : 여권을 가지고 왔나요?

하얀 : 갖고 왔어요.

직원 : 먼저 이 양식의 빈 곳을 채우신 후에, 여권과 함께 저에게 주세요.

하얀 : 알겠어요.

贺然：我写好了，
这是我的护照。给您。

职员：请稍等。

动作/（请输入密码）/（请再次输入密码）

贺然：可以了吗？

职员：（看一下表格）可以了，
请稍等。

职员：这是您的护照和存折，
请收好。
再见，请慢走。

贺然：谢谢，再见。

Hèrán : Wǒ xiě hǎo le,
zhè shì wǒ de hùzhào, gěi nín.

ZhíYuán : Qǐng shāoděng.

Hèrán : Kěyǐ le ma?

ZhíYuán : Kěyǐ le,
qǐng shāoděng.

ZhíYuán : Zhè shì nín de hùzhào hé cúnzhé.
Qǐng shōu hǎo.
Zàijiàn, qǐng màn zǒu.

Hèrán : Xièxie, zàijiàn.

하얀 : 다 썼어요. 여권 드릴게요.

직원 : 잠시 기다리세요.
(동작 : 비밀번호를 입력하고, 다시 한 번
비밀번호를 입력함)

하얀 : 됐나요?

직원 : (양식을 보고)됐어요. 잠시 기다리세요.

직원 : 여권과 통장 잘 챙기세요. 조심해서 가세요.

하얀 : 감사합니다. 안녕히 계세요.

第十三课 你们店有什么特色菜？

贺然：袁媛, 中午了, 我们一起去吃饭吧。

袁媛：好啊, 去哪里吃？

贺然：我们就去员工食堂吧, 晚上下班后我们再出去吃顿好的。

袁媛：好的, 走吧。

Dì shísān kè |

Nǐmen diàn yǒu shénme tèsè cài?

Hèrán : Yuányuan, zhōngwǔ le, wǒmen yìqǐ qù chī fàn ba.

Yuányuan : hǎo a, qù nǎlǐ chī ?

Hèrán : Wǒmen jiù qù yuángōng shítáng ba, wǎnshàng xià bān hòu wǒmen zài chūqù chī dùn hǎo de.

Yuányuan : Hǎo de, zǒu ba.

제13과 | 추천 메뉴가 무엇인가요?

하얀 : 위엔위엔, 점심시간이야. 함께 밥 먹으러 가자.

위엔위엔 : 좋아! 어디 가서 먹을까?

하얀 : 직원 식당에 가자. 저녁은 퇴근 후에 나가서 먹으면 돼.

위엔위엔 : 좋아. 가자.

贺然：给我打一份红烧排骨，
　　　一份水果沙拉。谢谢。

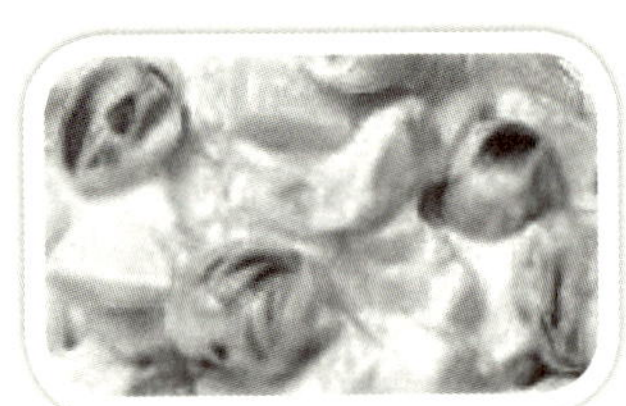

服务员：给您，那边刷员工卡。

贺然：好的，谢谢。

Hèrán : Gěi wǒ dǎ yí fèn hóngshāopáigǔ, yí fèn shuǐguǒshālā. Xièxie.

Fúwùyuán : Gěi nín, nàbiān shuā yuángōngkǎ.

Hèrán : Hǎode, xièxie.

하얀 : '홍사오파이구', '수이궈사라' 주세요. 감사합니다.

종업원 : 여기 있어요. 직원 카드를 저기에 대 주세요.

하얀 : 알겠어요. 감사합니다.

(终于等到下班了，袁媛和贺然来到一个川菜馆)

服务员：您好，几位？

贺然：两位。

服务员：这边请。

贺然：请问，有靠窗的座位吗？

服务员：有，这边。

Fúwùyuán : Nín hǎo, jǐ wèi ?

Hèrán : Liǎng wèi.

Fúwùyuán : Zhè biān qǐng.

Hèrán : Qǐng wèn, yǒu kào chuāng de zuò wèi ma?

Fúwùyuán : Yǒu, zhèbiān.

(마침내 기다리던 퇴근 시간이 되어, 위엔위엔과 하얀이는 쓰촨 레스토랑에 왔다.)

종업원 : 안녕하세요. 몇 분이세요?

하얀 : 두 명이요.

종업원 : 이쪽으로요.

하얀 : 실례지만, 창가 쪽 자리 있어요?

종업원 : 있어요. 이쪽으로 오세요.

服务员：您二位要点点儿什么？

贺然：你们店有什么特色菜？

服务员：我们店的特色菜有糖醋里脊、
鸳鸯鱼头、京酱肉丝……

贺然：袁媛，你想吃什么？

袁媛：就来个糖醋里脊吧。

贺然：好，我想尝尝京酱肉丝。
再来个素菜，蓝莓山药怎么样，袁媛？

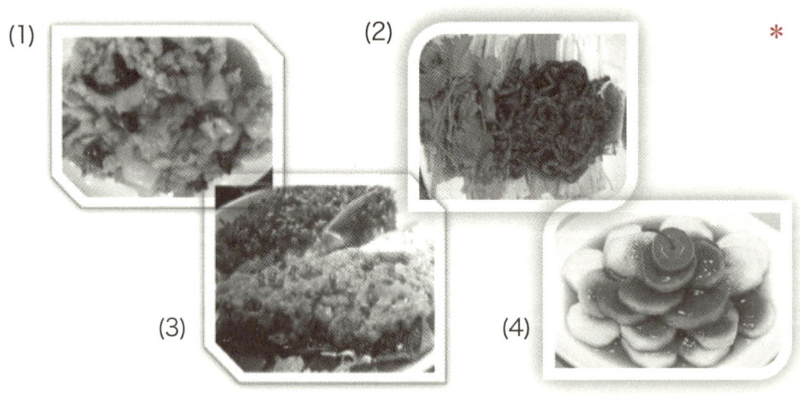

＊ 그림（1）糖醋里脊（2）京酱肉丝（3）鸳鸯鱼头（4）蓝莓山药

Fúwùyuán : Nín èr wèi yào diǎn diǎnr shénme ?

Hèrán : Nǐmen diàn yǒu shénme tèsè cài?

Fúwùyuán : Wǒmen diàn de tèsècài yǒutángcùlǐjǐ、yuānyāngyútóu、jīngjiàngròusī……

Hèrán : Yuányuan, nǐ xiǎng chī shénme ?

Yuányuan : Jiù lái ge tángcùlǐjǐ bā.

Hèrán : Hǎo, wǒ xiǎng chángcháng jīngjiàngròusī. Zài lái gè sù cài, lánméishānyào zěnme yàng, Yuányuan ?

종업원 : 주문하시겠어요?
하얀 : 추천 메뉴가 무엇인가요?
종업원 : 우리 식당의 추천 요리는 '탕추리지',
'위안양위터우', '징장러우쓰'예요.
하얀 : 위엔위엔, 뭐 먹을래?
위엔위엔 : '탕추리지'.
하얀 : 그래. '징장러우쓰'하고,
'야채요리'를시키자.
'란메이산야오'어때? 위엔위엔.

袁媛：看这道冰镇芦荟很好吃的样子，我们点这个吧。

贺然：好，给我们来一个糖醋里脊、一个京酱肉丝、一个冰镇芦荟和两碗米饭，就这些。

服务员：好的，一个糖醋里脊、一个京酱肉丝、一个冰镇芦荟、两碗米饭。请稍等。

(5)*

*

그림 (5) 冰镇芦荟

Yuányuan : Kàn zhè dào bīngzhènlúhuì hěn hǎochī de yàngzi, wǒmen diǎn zhè ge ba.

Hèrán : Hǎo, gěi wǒmen lái yí gè tángcù lǐjǐ、yí gè jīngjiàngròusī、yí gè bīngzhènlúhuì hé liǎng wǎn mǐfàn. Jiù zhè xiē.

Fúwùyuán : Hǎode, yí gè tángcùlǐjǐ、yí gè jīngjiàngròusī、yí gè bīngzhènlúhuì、liǎng wǎn mǐfàn. Qǐng shāoděng.

위엔위엔 : '빙전루후이' 맛있어 보이는데, 이걸 주문하자.

하얀 : 그래. '탕추리지', '징장러우쓰', '빙전루후이', 공기 밥 두개 주문할게요.

종업원 : 알겠어요. '탕추리지' 하나, '징장러우쓰' 하나, '빙전루후이' 하나, 밥 두 공기요, 잠시만 기다리세요.

第十四课 | 那我就买这件吧！

贺然：袁媛, 这周末你打算做什么?

袁媛：还没想过, 你呢?

贺然：天凉了, 我打算去逛逛街, 买几件衣服再买双鞋。

袁媛：好啊, 我陪你。

贺然：那我们在哪里见面呢?

袁媛：我们周六下午一点在人民广场*1站15号出口来福士广场*2一楼见吧。

贺然：好的。

*

1 중국 상하이 중심부에 있는 광장.

2 중국 상하이 런민광장역 15번출구와 연결되어 있는 유명 쇼핑몰.

Dì shí sì kè |

Nà wǒ jiù mǎi zhè jiàn ba !

Hèrán : Yuányuan, zhè zhōumò nǐ dǎsuàn zuò shénme?

Yuányuan : Hái méi xiǎng guò, nǐ ne?

Hèrán : Tiān liáng le, wǒ dǎsuàn qù guàngguàng jiē, mǎi jǐ jiàn yīfu zài mǎi shuāng xié.

Yuányuan : Hǎo a, wǒ péi nǐ.

Hèrán : Nà wǒmen zài nǎlǐ jiàn miàn ne?

Yuányuán : Wǒmen zhōu liù xiàwǔ yīdiǎn zài rénmín guǎngchǎng zhàn shíwǔ hào chūkǒu láifúshì guǎngchǎng yī lóu jiàn ba.

Hèrán : Hǎo de.

제14과 | 그럼 이 옷으로 살게.

하얀 : 위엔위엔, 이번 주말 뭐 할 거야?

위엔위엔 : 아직 생각 못해봤어. 너는?

하얀 : 날씨가 차가워 졌어. 쇼핑하러 갈 거야. 옷 몇 벌 사고, 신발도 살거야.

위엔위엔 : 좋아! 내가 같이 갈게.

하얀 : 그럼 어디에서 만날까?

위엔위엔 : 토요일 오후 1시에 '런민광창' 역 15번 출구 '라이푸스광창' 1층에서 만나자.

하얀 : 좋아.

贺然：袁媛，这件衣服怎么样？

袁媛：这件衣服样式不错，
不过颜色不太适合你。

贺然：那这件呢？

袁媛：试试看看。

Hèrán : Yuányuan, zhè jiàn yīfu zěnme yàng?

Yuányuan : Zhè jiàn yīfu yàngshì búcuò, búguò yánsè bú tài shìhé nǐ.

Hèrán : Nà zhè jiàn ne?

Yuányuan : Shìshi kànkan.

하얀 : 위엔위엔, 이 옷 어때?

위엔위엔 : 스타일은 좋은데, 색깔이 너랑 어울리지 않아.

하얀 : 그럼 이 옷은?

위엔위엔 : 한 번 입어봐.

贺然：怎么样？不错吧？

袁媛：嗯，你穿这件衣服真的很合适。
颜色、大小、款式都很合适。

贺然：那我就买这件吧。

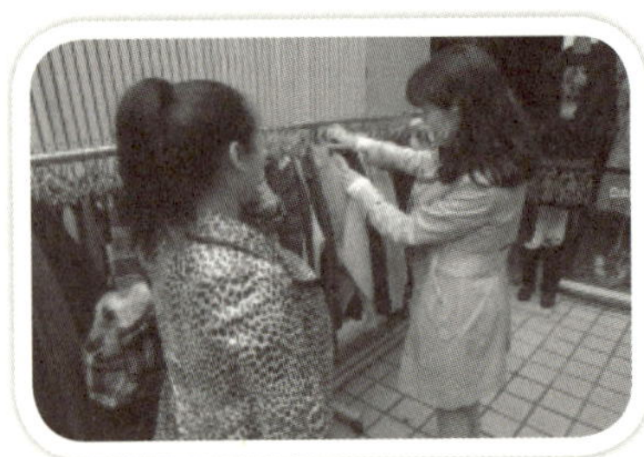

Hèrán : Zěnme yàng? búcuò ba?

Yuányuan : Èn, nǐ chuān zhè jiàn yīfu zhēn de hěn héshì. Yánsè、dàxiǎo、kuǎnshì dōu hěn héshì.

Hèrán : Nà wǒ jiù mǎi zhè jiàn ba.

하얀 : 어때? 좋지?

위엔위엔 : · · 이 옷이 어울려. 색깔, 크기, 디자인 모두 잘 어울려.

하얀 : 그럼 이 옷으로 살게.

贺然：袁媛，这双鞋好看吗？

袁媛：漂亮是漂亮，可这双鞋鞋跟儿太高了。

贺然：我在韩国就穿这么高的高跟儿鞋啊！

袁媛：不累吗？

贺然：漂亮嘛！

(袁媛做点头状,荷然试穿。)

贺然：这双鞋有点儿挤脚，可以帮我拿大一号的试试吗？

服务员：好的，请稍等。

Hèrán : Yuányuan, zhè shuāng xié hǎokàn ma?

Yuányuan : Piàoliàng shì piàoliàng, kě zhè shuāng xié xiégēnr tài gāo le.

Hèrán : Wǒ zài HánGuó jiù chuān zhè me gāo de gāo gēnr xié a !

Yuányuan : Bú lèi ma?

Hèrán : Piàoliàng ma!

Hèrán : Zhè shuāng xié yǒu diǎnr jǐ jiǎo, kěyǐ bāng wǒ ná dà yí hào de shìshì ma?

Fúwùyuán : Hǎode, qǐng shāoděng.

하얀 : 위엔위엔, 이 신발 예쁘지?

위엔위엔 : 예쁘긴 예쁜데, 이 신발은 굽이 너무 높아.

하얀 : 한국에서는 이렇게 굽이 높은 신발을 신는걸!

위엔위엔 : 힘들지 않아?

하얀 : 예쁘지!

(위엔위엔은 고개를 끄덕이고, 하얀이는 신어본다.)

하얀 : 이 신발은 발이 좀 끼어요. 한 치수 더 큰 신발을 신어 볼게요.

종업원 : 알았어요. 잠시 기다려 주세요.

第十五课 | 我一定要去看看

袁媛：贺然，十一假期，你打算做什么？

贺然：来这么久了，我还没出去玩儿过，放假我打算去旅游。

袁媛：你想去哪里玩儿？

贺然：游西湖。

Dì shíwǔ kè |

wǒ yídìng yào qù kànkan。

Yuányuan : Hèrán, shíyī jiàqī nǐ dǎsuǎn zuò shénme?

Hèrán : Lái zhème jiǔ le, wǒ hái méi chūqù wánr guò, fàng jià wǒ dǎsuàn qù lǚyóu.

Yuányuan : Nǐ xiǎng qù nǎlǐ wánr?

Hèrán : Yóu XīHú.

제15과 | 꼭 보러 갈게요.

위엔위엔 : 하얀아, 국경절에 뭐 할 거야?

하얀 : 온지가 꽤 되었는데, 아직도 구경을 하지 못했어. 여행을 갈 거야.

위엔위엔 : 어디로 가고 싶어?

하얀 : 시후로 갈 거야.

贺然：听说西湖很美，而且，在断桥上还有一段感人的故事。

袁媛：哇，你真是个“中国通”，连这个也知道。

贺然：我好喜欢温柔、贤惠、善良的白娘子*1！

袁媛：那你就去游西湖，过断桥*2，走白堤*3吧。

*
1 중국 전설 속, 흰 뱀의 모습을 한 여인.
2 항저우 시후에 있는 다리이름.
3 항저우 시후에 있는 제방.

Hèrán : Tīngshuō XīHú hěn měi, ěrqiě, zài DuànQiáo shàng hái yǒu yíduàn gǎnrén de gùshì.

Yuányuan : Wà, nǐ zhēn shì ge "ZhōngGuóTōng", lián zhè gè yě zhīdào.

Hèrán : Wǒ hǎo xǐhuān wēnróu、xiánhuì、shànliáng de báiniángzǐ!

Yuányuan : Nà nǐ jiù qù yóu XīHú, guò DuànQiáo, zǒu BáiDī ba.

하얀 : 시후는 아름답고, '돤챠오'에 감동적인 이야기가 있다고 들었어.

위엔위엔 : 와! 넌 정말 '중국통'이구나. 그것도 알고 있다니.

하얀 : 나는 부드럽고, 지혜롭고, 착한 '바이냥쯔'를 정말 좋아해.

위엔위엔 : 시후로 여행을 가서, '돤챠오'를 지나서, '바이디'를 걷도록 해.

贺然：您好，我想买一张9月30号下午去杭州的火车票。

售票员：您想买几点的？

贺然：都有几点的？

售货员：高铁每半个小时就一趟。

贺然：好，给我一张高铁票。

售货员：9月30号下午3点，杭州站，63元。

贺然：给您钱。

Hèrán : Nín hǎo, wǒ xiǎng mǎi yì zhāng jiǔ yuè sān shí hào xiàwǔ qù HángZhōu de huǒchēpiào.

Shòuhuòyuán : Nín xiǎng mǎi jǐ diǎn de?

Hèrán : Dōu yǒu jǐ diǎn de?

Shòuhuòyuán : Gāo tiě měi bàn gè xiǎoshí jiù yí tàng.

Hèrán : Hǎo, gěi wǒ yì zhāng gāotiě piào.

Shòuhuòyuán : Jiǔ yuè sānshí hào xiàwǔ sān diǎn, HángZhōuZhàn. Liù shísānyuán.

Hèrán : Gěi nín qián.

하얀 : 안녕하세요. 9월 30일 오후에 항저우로 가는 기차표를 한 장 주세요.

매표원 : 몇 시 표요?

하얀 : 몇 시 표가 있어요?

매표원 : 고속철도는 매 30분마다 한 번씩 있어요.

하얀 : 네. 고속철도 표 한 장 주세요.

매표원 : 9월 30일 오후 3시, 항저우 역. 63위안 입니다.

하얀 : 여기 돈 드릴게요.

贺然：哇, 这里好美哦！
不好意思, 可以帮我拍张照片吗？

路人：好的。

贺然：就拍这里吧。

路人：一、二、三, 茄子—
拍好了, 你看一下儿。

Hèrán : Wà, zhè lǐ hǎo měi o!
bùhǎoyìsī, kěyǐ bāng wǒ pāi zhāng zhàopiàn ma?

LùRén : Hǎo de.

Hèrán : Jiù pāi zhè lǐ ba.

LùRén : yī, èr, sān, qiézi——
pāi hǎo le, nǐ kàn yíxiàr.

하얀 : 와! 여기 정말 아름답구나! 죄송한데, 사진 좀 찍어 주시겠어요?

행인 : 네.

하얀 : 여기에서 찍어주세요.

행인 : 하나, 둘, 셋, 김치---. 다 찍었어요. 보세요.

贺然：嗯，不错，谢谢。

路人：不客气，你是外国人吧？

贺然：嗯，我是韩国人，来中国工作，
听说了白娘子的故事，所以来游西湖。

路人：啊。那你应该去雷峰塔*，那是当年白娘子被压的地方。

贺然：是吗？那我一定要去看看。

* 항저우 시후 남쪽의 난핑산 기슭에 있는 탑.

Hèrán : Èn, bú cuò, xièxie.

LùRén : Bú kè qì, nǐ shì wài guó rén ba?

Hèrán : En, wǒ shì HánGuó rén, lái ZhōngGuó gōngzuò, tīngshuō le báiniángzǐ de gùshi, suǒyǐ lái yóu XīHú。

LùRén : A, nà nǐ yīnggāi qù LéiFēngTǎ, nà shì dāngnián báiniángzǐ bèi yā de dìfāng.

Hèrán : Shì ma? Nà wǒ yídìng yào qù kànkan.

하얀 : · · 아주 좋아요. 감사합니다.

행인 : 별 말씀을요. 당신은 외국인이죠?

하얀 : 음· · 한국사람 이예요. 중국에 와서 일하고 있어요. '바이냥쯔'의 이야기를 듣고, 시후에 여행 왔어요.

행인 : 아! 당신은 '레이펑타'에 가보도록 해요. 그 곳은 당시에 '바이냥쯔'가 갇혀있던 곳 이예요.

하얀 : 그렇군요. 제가 그러면 꼭 보러 갈게요.

第十六课 像这样多久了？

袁媛：贺然, 早啊！……怎么脸色这么不好？十一玩儿得不开心吗？

贺然：玩儿得很开心啊, 可是最后一天淋了雨, 所以现在很难受。

袁媛：哇, 这么热, 你发烧了, 快去医院。

贺然：可是今天上班啊！

袁媛：我帮你请假吧。

贺然：哦, 谢谢。

Dì shíliù kè |
Xiàng zhèyàng duōjiǔ le?

Yuányuan : Hèrán zǎo à!……zěnme liǎnsè zhè me bùhǎo? Shíyī wánr de bù kāi xīn ma?

Hèrán : Wánr de hěn kāixīn a, kěshì zuì hòu yì tiān lín le yǔ, suǒyǐ xiànzài hěn nánshòu.

Yuányuan : Wà, zhè me rè, nǐ fāshāo le, kuài qù yīyuàn.

Hèrán : Kěshì jīntiān shàng bān a.

Yuányuan : Wǒ bāng nǐ qǐng jià ba.

Hèrán : ò, xièxie.

제16과 | 그렇게 된지 얼마나 되었어요?

위엔위엔 : 하얀, 좋은 아침! 왜 그렇게 안색이 좋지 않니? 국경절 여행이 즐겁지 않았니?

하얀 : 여행은 즐거웠어. 그런데 마지막 날 비에 흠뻑 젖어서 지금 괴로워.

위엔위엔 : 와! 이렇게 뜨겁다니. 너 열이 많이 나는구나. 어서 병원에 가 보도록 해.

하얀 : 근데 오늘 출근해야해!

위엔위엔 : 내가 휴가를 신청해줄게.

하얀 : 정말 고마워.

医生：你哪里不舒服？

贺然：我头疼、咳嗽、发烧。

医生：像这样多久了？

贺然：从昨天晚上开始。

医生：你先去护士那边测一下儿体温，再去化验一下儿血。

贺然：好的。

YīShēng : Nǐ nǎlǐ bù shūfu ?

Hèrán : Wǒ tóuténg, késòu, fāshāo.

YīShēng : Xiàng zhè yàng duōjiǔ le ?

Hèrán : Cóng zuótiān wǎnshang kāishǐ.

YīShēng : Nǐ xiān qù hùshì nàbiān cè yíxiàr tǐwēn, zài qù huàyàn yíxiàr xiě.

Hèrán : Hǎo de.

의사 : 어디가 아파요?

하얀 : 머리가 아프고, 기침을 하고, 열이 나요.

의사 : 그렇게 된지 얼마나 되었어요?

하얀 : 어제 저녁 부터요.

의사 : 먼저 간호사에게 가서 체온을 재어보고 다시 와서 혈액 검사를 합시다.

하얀 : 알겠어요.

（化验后）

贺然：医生, 这是我的化验单。

医生：好, 我看一下儿。
还好, 烧的不太高,
吃点儿药就可以了。

贺然：我很怕苦。

医生：药苦是苦, 效果却很好。

贺然：好吧, 谢谢医生。

医生：嗯, 回去后多喝点儿热水。

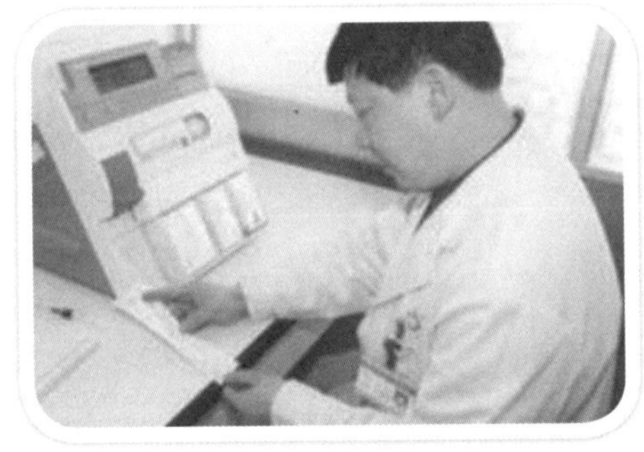

Hèrán : Yīshēng zhè shì wǒ de huàyàndān.

YīShēng : Hǎo, wǒ kàn yíxiàr.
Háihǎo, shāo de bú tài gāo,
chī diǎnr yào jiù Kěyǐ le.

Hèrán : Wǒ hěn pà kǔ.

YīShēng : Yào kǔ shì kǔ, xiàoguǒ què hěn hǎo

Hèrán : Hǎo ba, xièxie yīshēng.

YīShēng : Èn, huí qù hòu duō hē diǎnr rèshuǐ.

(검진후)

하얀 : 선생님, 제 검진표예요.

의사 : 네. 제가 한 번 볼게요. 그런대로 괜찮아요. 열이 너무 높지 않아, 약만 먹으면 괜찮아 질 거예요.

하얀 : 저는 쓴 게 무서워요.

의사 : 약이 쓰긴 쓰지만, 효과는 좋아요.

하얀 : 네. 감사합니다. 선생님.

의사 : ·· 가서 따뜻한 물을 많이 마셔요.

袁媛：喂，贺然吗？

贺然：是我。

袁媛：你去医院了吗？
医生怎么说？

贺然：还好，不太严重。
医生给我开了药。

袁媛：吃了吗？

贺然：嗯，吃过了，又喝了一杯热水，正打算睡一会儿呢。

袁媛：好，你休息吧，工作的事情不用担心。
我已经给你请假了。

贺然：谢谢。拜拜。

Yuányuan : Wéi, Hèrán ma?

Hèrán : Shì wǒ.

Yuányuan : Nǐ qù yīyuàn le ma?
Yīshēng zěnme shuō?

Hèrán : Hái hǎo, bú tài yánzhòng.
Yīshēng gěiwǒ kāi le yào.

Yuányuan : Chī le ma?

Hèrán : Èn, chī guò le, yòu hē le yì bēi rèshuǐ, zhèng dǎsuàn shuì yíhuìr ne.

Yuányuan : Hǎo, nǐ xiūxi ba, gōngzuò de shìqíng bú yòng dānxīn.
Wǒ yǐjīng gěi nǐ qǐng jià le.

Hèrán : Xièxie, bàibài.

위엔위엔 : 여보세요, 하얀이니?

하얀 : 그래, 나야.

위엔위엔 : 병원에 다녀왔어? 의사가 뭐래?

하얀 : 그런대로 괜찮대. 너무 심각하진 않아서, 약을 처방해 주셨어.

위엔위엔 : 먹었니?

하얀 : · · 먹었어. 그리고 따뜻한 물을 마셨어. 잠깐 좀 자려고.

위엔위엔 : 그래. 쉬도록 해. 일은 걱정하지 말고. 내가 벌써 휴가원을 냈어.

하얀 : 고마워. 안녕.

第十七课 ｜ 我看看你怎么网购？

袁媛：贺然，中午时间不休息，忙什么呢？

贺然：我在买衣服。

袁媛：什么？网购？

贺然：嗯。

Dì shí qī kè |

Wǒ kànkan nǐ zěnme wǎng gòu ?

Yuányuan : Hèrán, zhōngwǔ shíjiān bù xiūxi, máng shénme ne?

Hèrán : Wǒ zài mǎi yīfu.

Yuányuan : Shén me? Wǎng gòu?

Hèrán : Èn

제17과 | 네가 어떻게 인터넷 쇼핑하는지 좀 볼게.

위엔위엔 : 하얀아, 정오에 쉬지 않는구나. 무슨 일로 바빠?

하얀 : 옷을 사고 있는 중이야.

위엔위엔 : 뭐라고? 인터넷 쇼핑?

하얀 : 응.

贺然：其实很简单啊，我还申请了淘宝会员。

袁媛：还是会员？

贺然：嗯，我们工作这么忙，没有时间逛街，只好网购了。

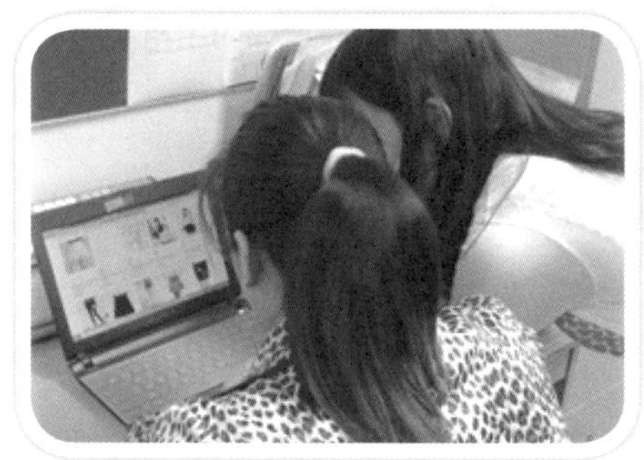

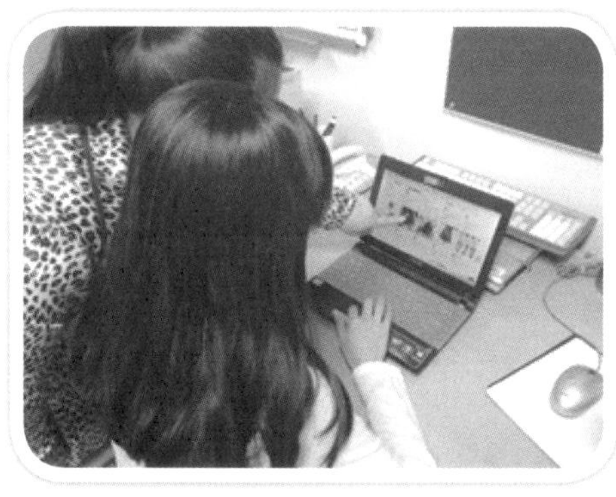

Hèrán : Qíshí hěn jiǎndān a, wǒ hái
shēnqǐng le táobǎo huìyuán.

Yuányuan : Hái shì huìyuán?

Hèrán : Èn, wǒ men gōngzuò zhè me máng,
méi yǒu shí jiān guàng jiē, zhǐhǎo
wǎng gòu le.

하얀 : 실은 간단해. 내가 또
'타오바오'회원을 신청했어.

위엔위엔 : 또 회원이야?

하얀 : ·· 일이 이렇게 바빠서, 쇼핑할
시간이 없어. 어쩔 수 없이
인터넷 쇼핑을 해야만 해.

贺然：我发现了几个很不错的网站哦。

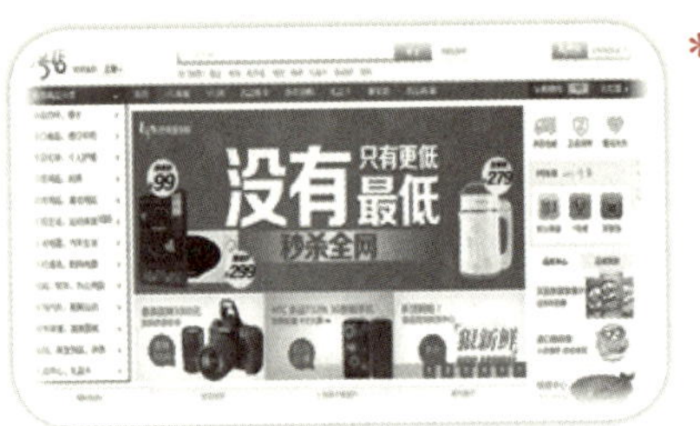

袁媛：都有什么？说来听听。

贺然：嗯，有一号店，京东商城，淘宝商城等等，吃饭、看电影还可以团购呢！

袁媛：京东商城是不错，而且送货很快哦。

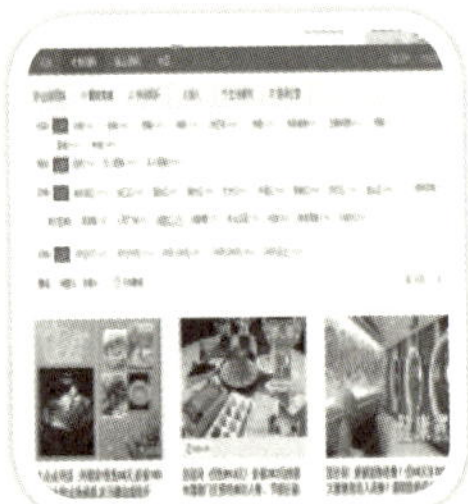

* 여기에 나열된 사진은 모두 중국 인터넷 쇼핑몰이다.

Hèrán : Wǒ fāxiàn le jǐ gè hěn bú cuò de wǎngzhàn o.

Yuányuan : Dōu yǒu shénme? Shuō lái tīngtīng.

Hèrán : Èn, yǒuyīhàodiàn,jīngdōngshāngch éng, táobǎoshāngchéng děngděng, chīfàn kàndiànyǐng hái kěyǐ tuán gòu ne!

Yuányuan : Jīngdōngshāngchéng shì bú cuò, ěrqiě sòng huò hěn kuài o.

하얀 : 좋은 웹사이트를 몇 개 발견했어.

위엔위엔 : 어떤 것들이 있는데? 말해봐요.

하얀 : · · '1호점'쇼핑몰, '징둥'쇼핑몰, '타오바오'쇼핑몰 등이 있어. 그리고 식사와 영화감상을 공동구매 할 수 있거든.

위엔위엔 : '징둥'쇼핑몰은 괜찮고, 배송도 빨라.

袁媛：衣服选好了吗？

贺然：选好了。

袁媛：我看看你怎么网购？

贺然：别那么不信我。你看；

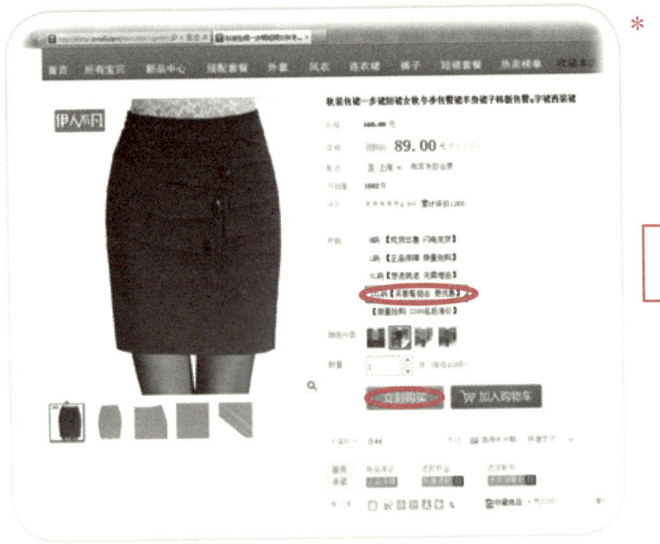

*

这样

* 저자가 인터넷 쇼핑 구매 과정에서 직접 찍은 사진들이다.

这样

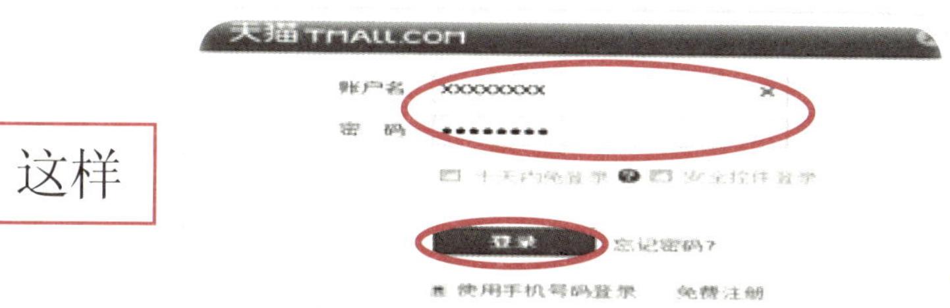
天猫 TMALL.COM
账户名
XXXXXXXX
密 码
十天内免登录
安全控件登录
登录
忘记密码？
使用手机号码登录
免费注册

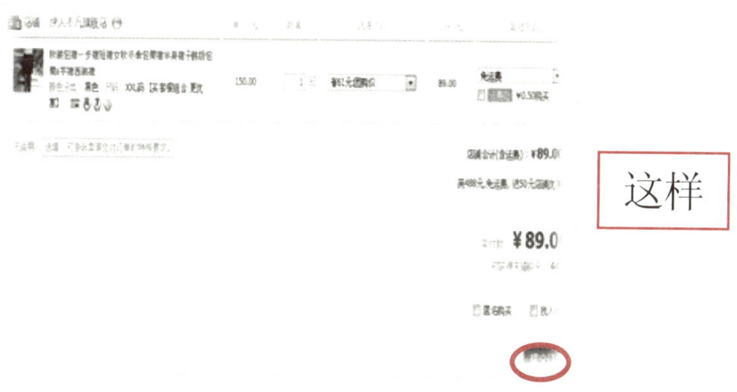
¥89.0

这样

这样

88.76

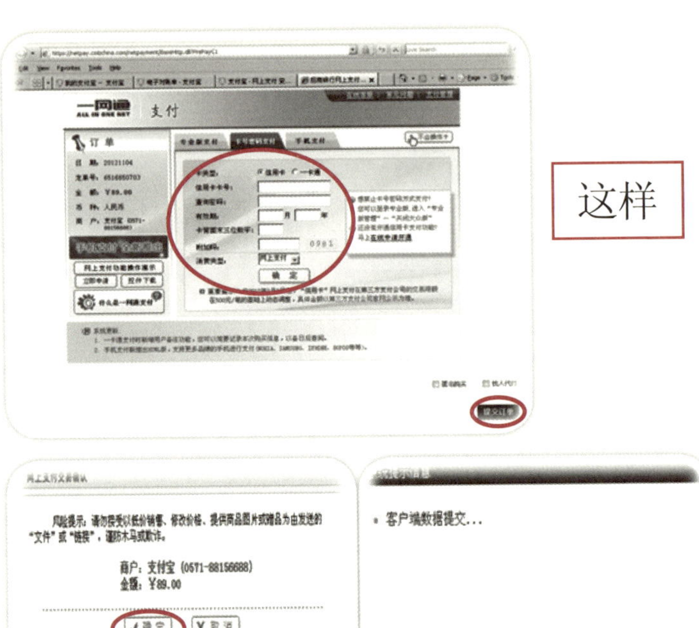
支付
这样
风险提示：请勿接受以低价销售、修改价格、提供商品图片或赠品为由发送的“文件”或“链接”，谨防木马或欺诈。
商户：支付宝（0571-88156688）
金额：¥89.00
确定
取消
客户端数据提交...

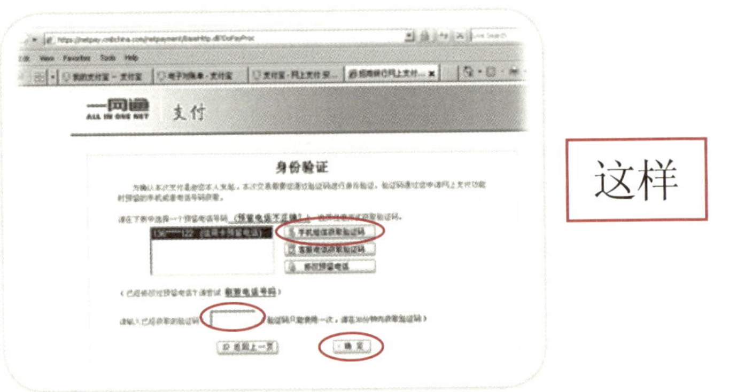
支付
身份验证
这样

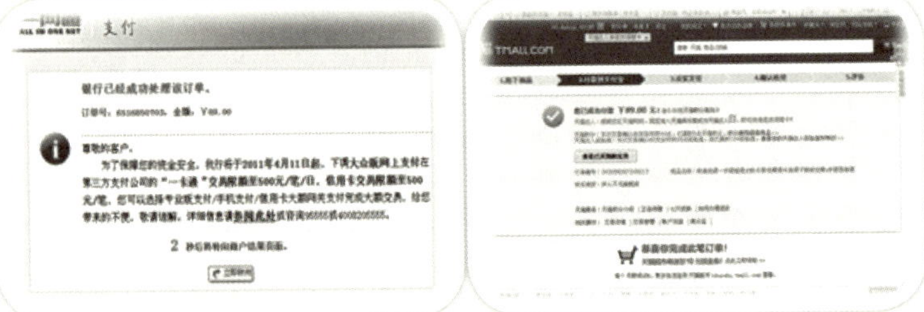
支付
银行已经成功处理该订单。

Yuányuan : Yīfu xuǎn hǎo le ma?

Hèrán : Xuǎn hǎo le.

Yuányuan : Wǒ kànkan nǐ zěnme wǎng gòu.

Hèrán : Bié nàme bú xìn wǒ. Nǐ kàn ;
Zhèyàng, zhèyàng, zhèyàng,
zhèyàng, zhèyàng, zhèyàng.

위엔위엔 : 옷은 다 골랐어?

하얀 : 다 골랐어.

위엔위엔 : 네가 어떻게 인터넷
쇼핑하는지 좀 볼게.

하얀 : 나를 못 믿어. 자 봐봐.

第十八课 | 网上聊天工具

袁媛：贺然, 你在做什么？

贺然：和朋友聊天。

袁媛：这是韩国的网上聊天工具吗？

贺然：是的。

袁媛：你有中国的网上聊天工具吗？

贺然：没有, 我不知道在中国用什么。

袁媛：我帮你弄。

Dì shíbā kè |

Wǎngshàng liáotiān gōngjù

Yuányuan : Hèrán,nǐ zài zuò shénme ?

Hèrán : Hé péngyou liáotiān.

Yuányuan : Zhè shì HánGuó de wǎngshàng liáotiān gōngjù ma?

Hèrán : Shì de.

Yuányuan : Nǐ yǒu ZhōngGuó de wǎngshàng liáotiān gōngjù ma?

Hèrán : Méi yǒu, wǒ bù zhīdào zài ZhōngGuó yòng shénme.

Yuányuan : Wǒ bāng nǐ nòng.

제18과 | 인터넷 채팅 프로그램

위엔위엔 : 하얀아, 지금 뭐해?

하얀 : 친구와 얘기중이야.

위엔위엔 : 이게 한국의 인터넷 채팅 프로그램이야?

하얀 : 그래.

위엔위엔 : 너한테 중국 인터넷 채팅 프로그램이 있어?

하얀 : 없어. 중국에서 어떤 것을 사용하는지 몰라.

위엔위엔 : 내가 만들어 줄게.

袁媛：在中国，最普通的是QQ，

还有MSN、Skype、微信、

飞信等等。你看这个就是QQ。

贺然：啊，这个就是QQ啊，我听说过，不过，没用过。

袁媛：现在开始，你就可以用这个了。

Yuányuan : Zài ZhōngGuó,
zuì pǔtōng de shì qiùqiù, hái yǒu MSN, Skype, wēixìn, fēixìn děngděng. Nǐ kàn zhè ge jiù shì qiù qiù.

Hèrán : À, zhègè jiù shì qiùqiù a, wǒ tīngshuō guò, búguò, méi yòng guò.

Yuányuan : Xiànzài kāishǐ, nǐ jiù kěyǐ yòng zhègè le.

위엔위엔 : 중국에서는 가장 많이 QQ를 사용하고, 'MSN', 'Skype', '웨이신', '페이신' 등이 있어. 봐봐. 이것이 QQ야.

하얀 : 아! 이게 바로 QQ구나! 예전에 들어봤는데, 사용해 본 적은 없어.

위엔위엔 : 지금부터 시작해봐. 너는 금방 이걸 사용할 수 있어.

贺然：怎么聊天？

袁媛：双击头像就会出来对话框，

这样就可以了。

这样，

这样……

贺然：嗯，很简单。

Hèrán : Zěnme liáotiān?

Yuányuan : Shuāngjī tóuxiàng jiù huì chū lái duìhuàkuàng zhèyàng jiù kěyǐ le.

zhèyàng, zhèyàng……

Hèrán : Èn, hěn jiǎndān.

하얀 : 어떻게 얘기하는거야?

위엔위엔 : 더블 클릭하면 대화창이 열려. 이렇게 하면 된 거야. …, …

하얀 : · · 간단하네.

贺然：那微信呢？

袁媛：微信是用于手机的聊天工具，
首先，用你的QQ账户和密码进入，
它会自动生成一个新的微信账号。
聊天方法和QQ一样。

贺然：这个和韩国的KAKAOTALK TALK
差不多，我会了。

Hèrán : Nà wēixìn ne?

Yuányuan : Wēixìn shì yòng yú shǒujī de liáotiān gōngjù, shǒuxiān yòng nǐ de qiùqiù zhànghù hé mìmǎ jìnrù, tā huì zìdòng shēngchéng yí gè xīn de wēixìn zhànghào. Liáotiān fāngfǎ hé qiùqiù yíyàng.

Hèrán : Zhègè hé HánGuó de kakaotalk chà bù duō, wǒ huì le.

하얀 : 그럼, '웨이신'은?

위엔위엔 : '웨이신'은 핸드폰으로 사용할 수 있는 채팅 프로그램이야. 먼저 너의 QQ 아이디와 비밀번호를 입력해. 그러면 자동으로 새로운 '웨이신' 아이디가 만들어져. 채팅 방법은 QQ와 같아.

하얀 : 이것은 한국의 '카카오톡'과 비슷해. 나도 할 수 있어.

贺然：袁媛，这个“微信”太有意思了，
还有“摇一摇”，看，我找到了这么多
网友。

袁媛：MY GOD。亲，你小心点儿啊。不怕遇到坏
人啊？

贺然：呵呵，没事，别担心。
我不和他们见面。
只是练习汉语。

袁媛：真不该教你玩儿这个！

Hèrán : Yuányuan, zhè gè wēixìn tài yǒu yìsi le, hái yǒu "yáoyìyáo", kàn, wǒ zhǎo dàole zhè me duō wǎngyǒu!

Yuányuan : My god, qīn nǐ xiǎoxīn diǎnr à. Bú pà yù dào huàirén à!

Hèrán : Hehe, méi shì. Bié dānxīn. wǒ bù hé tāmen jiàn miàn. zhǐshì liànxí hànyǔ.

Yuányuan : Zhēn bù gāi jiāo nǐ wánr zhègè!

하얀 : 위엔위엔, '웨이신'은 너무 재미있어. 그리고 '야오이야오'의 방법도 있잖아. 봐 봐. 이렇게 많은 인터넷 친구들을 찾았어.

위엔위엔 : 세상에! 하얀아, 조심해라. 나쁜 사람을 만날까봐 무섭지 않니!

하얀 : 하하. 괜찮아. 걱정하지마. 내가 그들과 만나지는 않아. 단지 중국어 연습만 하는 것뿐이야.

위엔위엔 : 네가 이걸 가지고 놀 수 있도록 가르쳐 주는 게 아니었는데!

第十九课 | 最新的手机娱乐工具

贺然：袁媛，你在做什么？我敲了半天门了。

袁媛：呵呵 SORRY，我最近啊喜欢上了这个。

贺然：什么啊？

袁媛：（神秘状）我给你听首歌。

贺然：……嗯，这是谁的歌？

袁媛：金莎的歌曲《星月神话》，怎么样？好听不？

贺然：好有感觉的一首歌。

Dì shíjiǔ kè |

Zuì xīn de shǒujī yúlè gōngjù

Hèrán : Yuányuan, nǐ zài zuò shéme? Wǒ qiāo le bàntiān mén le.

Yuányuan : Hehe sorry, wǒ zuìjìn à xǐhuān shàng le zhè gè。

Hèrán : Shénme a?

Yuányuan : Wǒ gěi nǐ tīng shǒu gē.

Hèrán : Èn, zhè shì shuí de gē?

Yuányuan : JīnShā de gēqǔ 《xīngyuèshénhuà》, zěnme yàng? hǎo tīng bù?

Hèrán : Hǎo yǒu gǎnjué de yì shǒu gē.

제19과 | 최신 핸드폰 오락 프로그램

하얀 : 위엔위엔. 뭐해? 내가 한참 문을 두드렸는데.

위엔위엔 : 하하, 미안해. 요즘 이거 하는걸 좋아해.

하얀 : 뭔데?

위엔위엔 : (신비스런 표정으로) 노래를 들려줄게.

하얀 : 음. 이건 누구 노래지?

위엔위엔 : '진사'의 노래 '싱웨선화'어때? 듣기 좋지?

하얀 : 느낌이 좋은 노래야.

袁媛：你知道是谁唱的吗?

贺然：不是金莎吗?

袁媛：不是，哈哈,是我唱的。

贺然：别骗我了，怎么会是你?
还有伴乐呢。

袁媛：看，这个叫"唱吧"唱*，

最新的手机娱乐工具。
这些都是我唱的，你听，怎么样?

贺然：…… 哇，太好听了！ 快教教我。

*

중국에서 "唱吧"외에도 "K歌达人"이 있다.

Yuányuan : Nǐ zhīdào shì shuí chàng de ma?

Hèrán : Bú shì JīnShā ma?

Yuányuan : Bú shì, hāhā shì wǒ chàng de.

Hèrán : Bié piàn wǒ le, zěn me huì shì nǐ?
Hái yǒu bànyuè ne.

Yuányuan : Kàn, zhè gè jiào "chàngbā" Zuì xīn de shǒujī yúlè gōngjù. Zhè xiē dōu shì wǒ chàng de, nǐ tīng, zěnme yàng?

Hèrán : ……Wà, tài hǎo tīng le!
Kuài jiāojiāo wǒ.

위엔위엔 : 누가 노래했는지 알겠어?

하얀 : '진사'아니야?

위엔위엔 : 아니야. 하하. 내가 노래한 거야.

하얀 : 속이지 마. 어떻게 너가 할 수 있어? 그리고 반주도 있잖아.

위엔위엔 : 봐봐. 이것은 '인터넷 노래방'이라고 해. 최신 핸드폰 오락 프로그램이야. 이게 모두 내가 노래한 거야. 들어봐. 어때?

하얀 : 와! 듣기 정말 좋은데! 어서 빨리 가르쳐줘.

袁媛：你看，在手机上下载一个"唱吧"，然后点击进入，

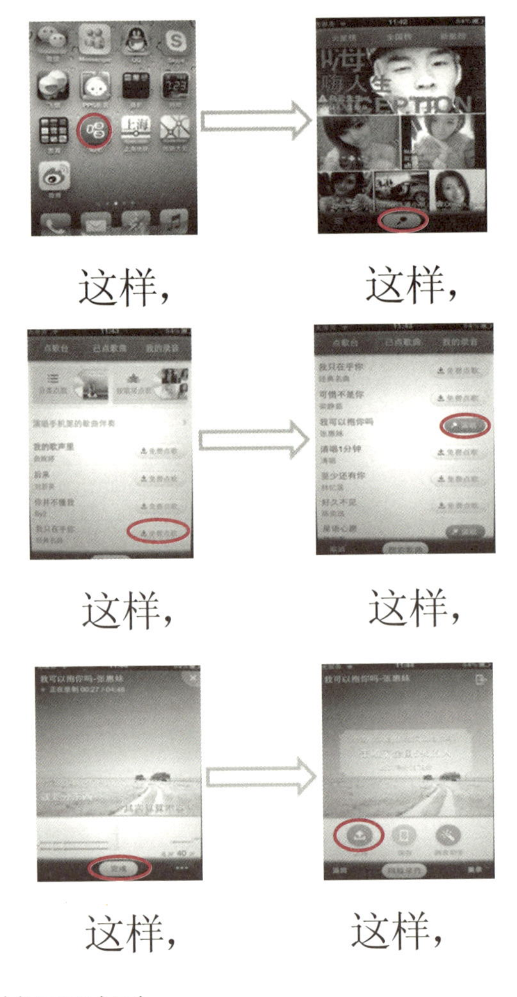

这样，　　这样，

这样，　　这样，

这样，　　这样，

就可以了。

贺然：太好了，我也要下载一个"唱吧"，来圆我的明星梦！

Yuányuan : Nǐ kàn, zài shǒujī shàng xiàzǎi yí gè“chàngbā”, ránhòu diǎnjī jìnrù, zhèyàng, zhèyàng, zhèyàng, zhèyàng, zhèyàng, zhèyàng jiù kěyǐ le.

Hèrán : Tài hǎo le, wǒ yě yào xiàzǎi yí gè “chàngbā”, lái yuán wǒ de míngxīng mèng!

위엔위엔 : 봐봐. 핸드폰에 '인터넷 노래방'을 다운로드 한 후에 클릭해서 들어갈 수 있어. …, …, …, …, …, …, 하면 돼.

하얀 : 너무나도 좋아. 나도 '인터넷 노래방'을 다운로드해서, 내 꿈인 스타가 될래!

第二十课 | 我们韩国见吧!

贺然：各位同事，你们好！
时间飞逝，转眼间，我来这里已经一年了，明天即将回国。很感谢大家这一年来对我的帮助和照顾。希望大家一切顺利，步步高升。也真诚的欢迎各位如果有机会可以来韩国一游。各位同事，再见。我们韩国见吧！

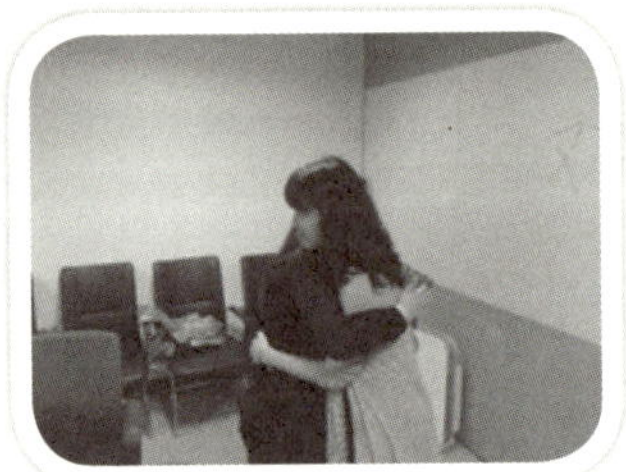

Dì kè |

Wǒ men HánGuó jiàn ba!

Hèrán : Gè wèi tóngshì, nǐmen hǎo! Shíjiān fēi shì,zhuǎn yǎn jiān, wǒ lái zhèlǐ yǐjīng yì nián le, míngtiān jí jiāng huí guó. Hěn gǎnxiè dàjiā zhè yì nián lái duì wǒ de bāngzhù hé zhàogù. Xīwàng dàjiā yíqiè shù nlì, bù bù gāo shēng. Yě zhēnchéng de huānyíng gè wèi rúguǒ yǒu jīhuì kěyǐ lái HánGuó yì yóu. Gè wèi tóngshì, zàijiàn. Wǒ men HánGuó jiàn ba!

제20과 | 한국에서 만나요!

하얀 : 여러분, 안녕하세요! 시간이 빨리 지나서 이곳에 온지 벌써 1년이 되었어요. 내일이면 귀국을 해요. 1년 동안 도와주시고 보살펴주셔서 정말 감사드려요. 하시는 일들이 모두 순조롭고, 승승장구 하시길 빌게요. 혹시 기회가 생겨 한국으로 여행을 오신다면 진심으로 환영합니다. 여러분, 다음에 한국에서 만나요!

袁媛：贺然，都准备好了吗？

贺然：（微笑）我啊，没有什么可准备的。

袁媛：那你今天晚上有时间吗？

贺然：有啊！

袁媛：好，晚上大家准备给你饯行*1，
我们先去大吃一顿，
然后再去K歌*2。

贺然：好的。

*

1 "送行"과 같은 의미.

2 "K歌"는 한국의 노래방과 비슷하다.

YuánYuan : Hèrán, dōu zhǔnbèi hǎo le ma?

Hèrán : Wǒ a,méi yǒu shénme kě zhǔnbèi de.

YuánYuan : Nà nǐ jīntiān wǎnshang yǒu shíjiān ma?

Hèrán : Yǒu à.

YuánYuan : Hǎo, wǎnshang dàjiā zhǔnbèi gěi nǐ jiànxíng, wǒmen xiān qù dà chī yí dùn, rán hòu zài qù kēi gē.

Hèrán : Hǎo de.

위엔위엔 : 하얀아, 준비 다 됐어?

하얀 : (웃으면서)나? 준비할게 별로 없는걸.

위엔위엔 : 오늘 저녁에 시간있니?

하얀 : 있어!

위엔위엔 : 좋아, 저녁에 송별회를 열어 주려고, 저녁을 먹고, 노래방에 가자.

하얀 : 좋아.

袁媛：贺然，好舍不得你啊！

贺然：我也是，袁媛。这次分别，不知道什么时候才能见到你。

袁媛：是啊，不知道你下次什么时候能来。

贺然：对了，我听说这边公司明年要派人去韩国公司，你争取一下儿吧，那我们就可以在韩国见了。

袁媛：真的吗？我打听打听。

贺然：嗯，我在韩国等你的好消息啊！

袁媛：好！贺然，再见，一路顺风！

YuánYuan : Hèrán, hǎo shěbùdé nǐ à!

Hèrán : Wǒ yě shì, yuányuán. Zhè cì fēnbié, bù zhīdào shénme shíhòu cái néng jiàn dào nǐ.

YuánYuan : Shì à, bù zhīdào nǐ xià cì shénme shíhòu néng lái.

Hèrán : Duì le, wǒ tīngshuō zhèbiān gōngsī míngnián yào pài rén qù HánGuó gōngsī, nǐ zhēngqǔ yíxiàr ba, nà wǒmen jiù kěyǐ zài HánGuó jiàn le.

YuánYuan : Zhēn de ma? Wǒ dǎtīngdǎtīng.

Hèrán : Èn, wǒ zài HánGuó děng nǐ de hǎo xiāoxi à.

YuánYuan : Hǎo, Hèrán, zài jiàn, yílù shùn fēng.

위엔위엔 : 하얀아, 정말로 아쉽구나!

하얀 : 나도, 원원아. 이번에 헤어지면 언제 다시 만날 수 있을지 몰라.

위엔위엔 : 그래.

하얀 : 맞아. 이 회사에서 내년에 한국 회사로 파견을 보낸다고 들었어. 네가 도전해 봐. 그렇게 하면 한국에서 다시 만날 수 있어.

위엔위엔 : 정말? 알아볼게.

하얀 : 응. 한국에서 너의 좋은 소식을 기다릴게!

위엔위엔 : 좋아! 하얀아, 안녕, 귀국길이 순조롭길 바래!

词 汇 表
cí huì biǎo

어휘표

第一课

早	zǎo	아침 인사말
吃	chī	먹다
饭	fàn	밥
了	le	과거를 나타냄
吗	ma	문말에 쓰여 의문을 나타냄
过	guò	과거를 나타냄(경험)
来	lái	…할래요?
杯	bēi	[양사] …잔
咖啡	kāfēi	커피
不	bù	아니다
想	xiǎng	…하고싶다
喝	hē	마시다
绿茶	Lǜchá	녹차
早晨	zǎochén	아침
出去	chūqù	나가다
运动	yùndòng	운동하다
嗯	èn	응, 그래

第二课

您	nín	당신
好	hǎo	안녕
哪位	nǎwèi	어느 분
是	shì	…이다
小姐	xiǎojiě	아가씨, 양

先生	xiānshēng	…씨
谁	shuí	누구
这	zhè	이것
的	de	…의
快递	kuàidì	특급 배송
请	qǐng	상대방에게 어떤 일을 부탁하거나 청할 때 쓰임
签字	qiānzì	사인하다

第三课

打算	dǎsuàn	…할 계획이다
几	jǐ	몇
月	yuè	월
号	hào	일
星期日	xīngqīrì	일요일
去	qù	가다
辅导班	fǔgdǎobān	학원
上课	shàngkè	수업을 듣다
学习	xuéxí	공부하다
汉语	hànyǔ	중국어
好	hǎo	쉽다
有点儿	yǒudiǎnr	조금
难	nán	어렵다
最	zuì	가장, 제일
声调	shēngdiào	성조

第四课

听说	tīngshuō	…듣기에
要	yào	…하려고 하다
中国	ZhōngGuó	중국(중화인민공화국)
为什么	wèishénme	왜
因为……所以	yīnwèi…suǒyǐ	…때문에 그래서
业务	yèwù	업무
需要	xūyào	필요하다
时候	shíhou	때, 시간
中旬	zhōngxúen	중순
行李	xíngli	짐
都	dōu	모두
准备	zhǔnbèi	준비하다
好	hǎo	(동사뒤에쓰여) 완성되었거나 잘 마무리 되었음을 나타냄
不急	bùjí	급하지 않다
还	hái	아직
呢	ne	(서술문 뒤에 쓰여) 동작이나 상황이 지속됨을 나타냄
待	dāi	머무르다
多长	duōcháng	얼마동안
时间	shíjiān	시간
可能	kěnéng	아마도
很久	hěnjiǔ	오랫동안
希望	xīwàng	희망하다
一切顺利	yíqièshùnlì	모든 일이 순조롭다

第五课

好久不见	hǎojiǔbújiàn	오래간만이군요
最近	zuìjìn	요즈음
还好	háihǎo	(그런대로)괜찮다
出国	chūguó	출국하다
走	zǒu	출발하다, 가다
这么	zhème	이렇게
快	kuài	빨리
航班	hángbān	항공편
送	sòng	배웅하다
机场	jīchǎng	공항
单位	dānwèi	단위, 근무처
派	pài	파견하다
车	chē	차(교통수단)
不用	búyòng	…할 필요가 없다
给……打电话	gěi…dǎdiànhuà	…에게 전화를 걸다
放心	fàngxīn	마음을 놓다

第六课

登机牌	dēngjīpái	탑승권
往	wǎng	…으로 가다
里	lǐ	…안으로
走	zǒu	가다
鸡肉	jīròu	닭고기
牛肉	niúròu	소고기
饮料	yǐnliào	음료수
矿泉水	kuàngquánshuǐ	물(광천수)
橙汁	chéngzhī	오렌지 주스

牛奶	ni knǎi	우유
啤酒	píjiǔ	맥주
红酒	hóngjiǔ	포도주
护照	hùzhào	여권
入境卡	rùjìngkǎ	입국카드
给	gěi	…에게 주다

第七课

问	wèn	묻다
从……来的	cóng…láide	…에서 오다
见	jiàn	만나다
这边请	zhèbiānqǐng	이 쪽으로요
请您带路	qǐngníndàilù	길 좀 안내해 주세요
不客气	búkèqì	별말씀을요
从……到	cóng…dào	…에서 …까지
堵车	dǔchē	차가 막히다
……的话	…dehuà	(만약)…한다면
就	jiù	곧, 바로
司机	sījī	운전기사

第八课

大家	dàjiā	여러분(전체를 강조)
来自	láizì	…에서 오다
从……起	cóng…qǐ	…부터(에서) 시작하다
将	jiāng	장차
工作	gōngzuò	일하다
第一次	dìyīcì	맨 처음

各位	gèwèi	여러분(개체를 강조)
多多帮助	duōduōbāngzhù	많이 도와주세요
下班	xiàbān	퇴근
后	hòu	이후에
有	yǒu	있다
事情	shìqíng	일
想	xiǎng	…하고 싶다
租	zū	임대하다
一套	yítào	한 세트
房子	fángzi	방
还	hái	아직
不太好	bútàihǎo	그다지 좋지 않다
什么样	shénmeyàng	어떤 모양
住	zhù	살다
一室一厅	yíshìyìtīng	방 하나 거실 하나
带	dài	가지고 있다
足	zú	…에 충분하다
押金	yājīn	보증금
交	jiāo	내다
几千万	jǐqiānwàn	목돈
每个	měigè	매…마다
房租	fángzū	방세, 방값
形式	xíngshì	형식, 형태
租房	zūfáng	(집)을 임대하다
这种	zhèzhǒng	이러한
方式	fāngshì	방식, 방법
付三押一	fùsānyāyī	일 년에 네 차례 방세를 지불하는데 처음에는 보증금을 포함해서 지불하는 중국의 임대 방식

真	zhēn	정말로
这么	zhème	이렇게

第九课

卖	mài	팔다
葡萄	pútao	포도
多少	duōshǎo	얼마
块	kuài	원 [돈 단위] 문어 "元、角、分"와 구어 "块、毛、分"로 나뉘어 쓰임
便宜	piányì	싸다
算	suàn	쳐주다
一斤	yìjīn	한 근
苹果	píngguǒ	사과
贵	guì	비싸다
已经	yǐjīng	이미
刚	gāng	막
开始	kāishǐ	시작하다
……呢	…ne	서술문의 끝에 써서 사실을 확인하는 어기를 나타냄
甜	tián	(맛이)달다
共计	gòngjì	합하여 계산하다
收	shōu	받다
找	zhǎo	거슬러 주다
请收好	qǐngshōuhǎo	잘 받으세요

第十课

路人	lùrén	행인
银行	yínháng	은행
……在哪里	…zàinǎlǐ	어디에 있어요?
向	xiàng	…을 향하여
走到	zǒudào	나아가다
十字路口	shízìlùkǒu	사거리
右	yòu	오른쪽 ('左(zuǒ)' 왼쪽)
转	zhuǎn	돌다
再	zài	다시
最近的	zuìjìnde	가장 가까운
附近	fùjìn	근처
拐	guǎi	방향을 바꾸다
继续	jìxù	계속
从……到	cóng…dào	…에서 …까지
坐	zuò	타다
公交车	gōngjiāochē	(대중교통)버스
还是	háishì	아니면, (의문문에 쓰여) 선택을 나타냄
地铁	dìtiě	전철,지하철
在	zài	(시간, 장소, 범위, 상황)에서
○号线	○hàoxiàn	○호선
站	zhàn	역
换乘	huànchéng	갈아타다
到……下	dào…xià	(장소)에 내리다
穿过	chuānguò	빠져나가다
地下	dìxià	지하
街道	jiēdào	길
上去	shàngqù	올라가다

第十一课

把…换成	bǎ…huànchéng	…를 …로 바꾸다
人民币	rénmínbì	[중국의 법정 화폐]인민폐
办理	bànlǐ	처리하다
业务	yèwù	업무
换钱	huànqián	환전하다
先	xiān	먼저
领取	lǐngqǔ	수령하다
号码	hàomǎ	번호
然后	ránhòu	그 다음에
那边	nàbiān	저 쪽
等候	děnghòu	기다리다
韩币	hánbì	[한국의 법정 화폐]한화
稍等	shāoděng	잠시 기다리다
根据	gēnjù	…에 근거하여
现在	xiànzài	현재
汇率	huìlǜ	환율
确认	quèrèn	확인하다

第十二课

输入	shūrù	입력하다
存折	cúnzhé	통장
填写	tiánxiě	(일정한 양식에) 써 넣다
表格	biǎogé	양식
密码	mìmǎ	비밀번호
请慢走	qǐngmànzǒu	조심해서 가세요

第十三课

食堂	shítáng	식당
店	diàn	상점
特色菜	tèsècài	특별요리, 추천메뉴
员工	yuángōng	직원
晚上	wǎnshàng	저녁
顿	dùn	[양사](一顿饭 : 한 끼니)
好的	hǎode	네, 알았어요.
打	dǎ	(음식을)만들다, 주문하다
份	fèn	그릇을 세는 단위
位	wèi	…분 (공경의 뜻을 내포함)
靠窗的	kàochuāngde	창가 쪽
座位	zuòwèi	자리, 좌석
点	diǎn	주문하다
尝	cháng	맛보다
素菜	sùcài	야채요리(고기요리 : 荤菜 hūncài)
好吃	hǎochī	맛있다
样子	yàngzi	모양
就这些	jiùzhèxiē	바로 이렇게
碗	wǎn	그릇
米饭	mǐfàn	쌀밥

第十四课

周末	zhōumò	주말
打算	dǎsuàn	…할 계획이다
过	guò	…한 적이 있다(동사 뒤에 쓰여 어떤 동작이나 변화가 일찍이 발생하였음을 나타냄)

天	tiān	날씨
凉	liáng	차갑다
逛	guàng	놀러 다니다
衣服	yīfu	옷
双	shuāng	쌍(짝을 이룬 것에 대하여 씀)
鞋	xié	신발
陪	péi	동반하다, 모시다
楼	lóu	(건물의)층
……怎么样	…zěnmeyàng	어떠하냐
不错	búcuò	좋다
不过	búguò	그러나
颜色	yánsè	색깔
适合	shìhé	적합하다
试试	shìshì	…해 보다
穿	chuān	입다
合适	héshì	잘 어울리다
款式	kuǎnshì	디자인
大小	dàxiǎo	크기
好看	hǎokàn	보기 좋다
漂亮	piàoliàng	예쁘다
鞋跟儿	xiégenr	신발 굽
高	gāo	높다
累	lèi	힘들게 하다
挤脚	jǐjiǎo	발이 끼다
帮	bāng	돕다
拿	ná	(손에) 가지다
大一号	dàyíhào	한 사이즈가 크다

第十五课

假期	jiàqī	휴가 기간
玩儿	wánr	놀다
旅游	lǚyóu	관광하다
西湖	xīh	시후(저장성 항저우에 있는 호수 이름)
美	měi	아름답다
而且	ěrqiě	게다가
断桥	duànqiáo	항저우 시후에 있는 지명, 다리
一段	yíduàn	한 단락
感人	gǎnrén	감동시키다
故事	gùshì	이야기
中国通	zhōguótōng	중국에 정통한 사람
连……也	lián…yě	…조차도
喜欢	xǐhuān	좋아하다
温柔	wēnróu	부드럽다
贤惠	xiánhuì	(여자가)어질고 덕행이 있다
善良	shànliáng	착하다
杭州	hángzhōu	항저우(저장성의 성도)
火车票	huǒchēpiào	기차표
高铁	gāotiě	고속철도
趟	tàng	차례(오고가는 횟수를 나타냄)
张	zhāng	[양사] (종이 등) …장
拍	pāi	(사진을)찍다
不好意思	bùhǎoyìsi	(인사말로) 미안합니다
照片	zhàopiàn	사진
茄子	qiézi	가지
一下儿	yíxiàr	(동사 뒤에 쓰여) '좀…하다'의 뜻을 나타냄
外国人	wàiguórén	외국인

是…吧	shì…ba	추측의 어기를 나타냄
韩国	HánGuó	한국
应该	yīnggāI	마땅히 …해야한다
被	bèi	…당하다
压	yā	억압하다
地方	dìfāng	장소, 곳
一定	yídìng	반드시

第十六课

脸色	liǎnsè	안색
开心	kāixīn	유쾌하다
淋	lín	(비에)젖다
难受	nánshòu	괴롭다
热	rè	뜨겁다
发烧	fāshāo	열이 나다
医院	yīyuàn	병원
请假	qǐngjià	휴가를 신청하다
医生	yīshēng	의사
舒服	shūfu	(육체나 정신이) 편안하다
头疼	tóuténg	머리 아프다
咳嗽	késòu	기침하다
护士	hùshì	간호사
测	cè	측량하다
体温	tǐwēn	체온
化验	huàyàn	검진
血	xiě	혈액
化验单	huàyàndān	검진표
药	yào	약

怕	pà	무섭다
苦	kǔ	쓰다
效果	xiàoguǒ	효과
却	què	오히려
喝	hē	마시다
严重	yánzhòng	심각하다
开药	kāiyào	처방하다
杯	bēi	[양사]잔, 컵
正	zhèng	지금…하고 있다
睡	shuì	잠을 자다
休息	xiūxi	휴식하다
担心	dānxīn	걱정하다
拜拜	bàibài	Bye-bye, 작별인사

第十七课

网购	wǎnggòu	인터넷 쇼핑
其实	qíshí	사실
简单	jiǎndān	간단하다
申请	shēnqǐng	신청하다
会员	huìyuán	회원
只好	zhǐhǎo	어쩔 수 없이
发现	fāxiàn	발견하다
网站	wǎngzhàn	웹사이트
看电影	kàndiànyǐng	영화 감상
团购	tuángòu	공동 구매
送货	sònghuò	상품을 배송하다

第十八课

聊天工具	liáotiāngōngjù	채팅 프로그램
用	yòng	사용하다
弄	nòng	만들다
开始	kāishǐ	시작하다
击	jī	클릭하다
头像	tóuxiàng	대화창의 사진, 얼굴 사진
对话框	duìhuàkuàng	대화창
手机	shǒujī	휴대폰
首先	shǒuxiān	먼저
账户	zhànghù	아이디
自动	zìdòng	자동으로
生成	shēngchéng	만들어지다
差不多	chàbuduō	비슷하다
会	huì	(배워서) 할 수 있다
有意思	yǒuyìsi	재미있다
摇一摇	yáoyìyáo	微信에 친구를 찾는 방법 중의 하나
网友	wǎngyǒu	인터넷 친구
小心点儿	xiǎoxīndiǎnr	조심해
亲	qīn	인터넷에서 구매할 때 상대방에게 친밀함을 표시할 때 쓰는 호칭
遇	yù	만나다
坏人	huàirén	나쁜사람
练习	liànxí	연습하다
教	jiāo	(지식을) 가르치다

第十九课

敲	qiāo	두드리다
歌曲	gēqǔ	노래
好听	hǎotīng	듣기 좋다
感觉	gǎnjué	느낌
唱	chàng	노래하다
骗	piàn	속이다
伴乐	bànyuè	반주
娱乐	yúlè	오락
下载	xiàzǎi	다운로드
点击	diǎnjī	클릭하다
进入	jìnrù	들어가다
圆	yuán	꿈을 이루다
明星梦	míngxīngmèng	스타 꿈

第二十课

各	gè	각, 여러
同事	tóngshì	동료
即将	jíjiāng	곧
感谢	gǎnxiè	감사합니다
照顾	zhàogù	돌봐주다
真诚	zhēnchéng	진심으로
欢迎	huānyíng	환영합니다
机会	jīhuì	기회
分别	fēnbié	헤어지다
送行	sòngxíng	송별회를 하다
争取	zhēngqǔ	실현하기 위해 노력하다
打听	dǎtīng	알아보다

현장중국어 회화

'首尔에서 上海 까지'

초판발행 2013년 12월 10일

지은이 정진강 · 전원원 · 이하얀
펴낸이 한헌수
펴낸곳 숭실대학교 출판국
서울 동작구 상도로 369
등 록 제14-2호(1982.1.25)
TEL.02-820-0772
FAX.02-817-5297
http://press.ssu.ac.kr

찍은곳 한컴인쇄정보
TEL.02-2274-3394
FAX.02-2274-3397

음성녹음 이하얀 · 전원원 · 담창성

값 16,000원
ISBN 978-89-7450-318-5 03720